AF473685

Disseny Hub
Barcelona

MIAS

THE *MAKING* OF MAKING

(ARCHITECTURE)

L'instintiu, en oposició al ben fonamentat, és una distinció interessant en el panorama arquitectònic actual. D'aquí potser es deriva una obsessió encantadora: així, en concret en els seus esbossos, s'observa la fascinació del Josep pels elements esquelètics i pel que es pot crear a partir d'ells. (...) Sens dubte, aquest és un territori fascinant i representatiu de l'arquitectura, i Josep Miàs l'explora perquè en gaudim i n'aprenem.

—Peter Cook. Fundador d'Archigram

Aquesta prolífica exposició, profundament treballada i exquisidament elaborada, és un estudi sobre el fet de crear arquitectura, des de la seva aparició més primerenca i insignificant com a marques en un pla, passant pel seu vol en l'espai com un dibuix sense paper, fins al seu rigorós assaig com una anàlisi de muntatge i composició.

—Bob Sheil. Director de The Bartlett School of Architecture

The instinctive rather than the well informed is an interesting distinction in the current architectural scene. It leads perhaps to a certain delightful obsessiveness: so that with the sketches in particular, you see Josep's fascination with the skeletal and with that which can be created out of the skeletal. (...) Surely this is both a fascinating and a meaningful territory of architecture and Josep Miàs explores it for our delight and instruction.

—Peter Cook. Founder of Archigram

Deeply honed and exquisitely crafted, this prolific demonstration is a study in the making of making architecture, through its earliest and slightest emergence as marks on a plane, to its flight in space as a drawing without paper, to its rigorous rehearsal as an investigation of assembly and composition.

—Bob Sheil. Director of The Bartlett School of Architecture

Lo instintivo, en oposición a aquello bien fundamentado, es una distinción interesante en el panorama arquitectónico actual. De aquí quizás se deriva una obsesión encantadora: así, en concreto en sus esbozos, se observa la fascinación de Josep por los elementos esqueléticos y por lo que se puede crear a partir de ellos. (...) Sin duda, éste es un territorio fascinante y representativo de la arquitectura, y Josep Miàs lo explora para que disfrutemos y aprendamos.

—Peter Cook. Fundador de Archigram

Esta prolífica exposición, profundamente trabajada y exquisitamente elaborada, es un estudio sobre el acto de crear arquitectura, desde su aparición más primaria e insignificante como marcas en un plano, pasando por su vuelo en el espacio como un dibujo sin papel, hasta su riguroso ensayo como un análisis de montaje y composición.

—Bob Sheil. Director de The Bartlett School of Architecture

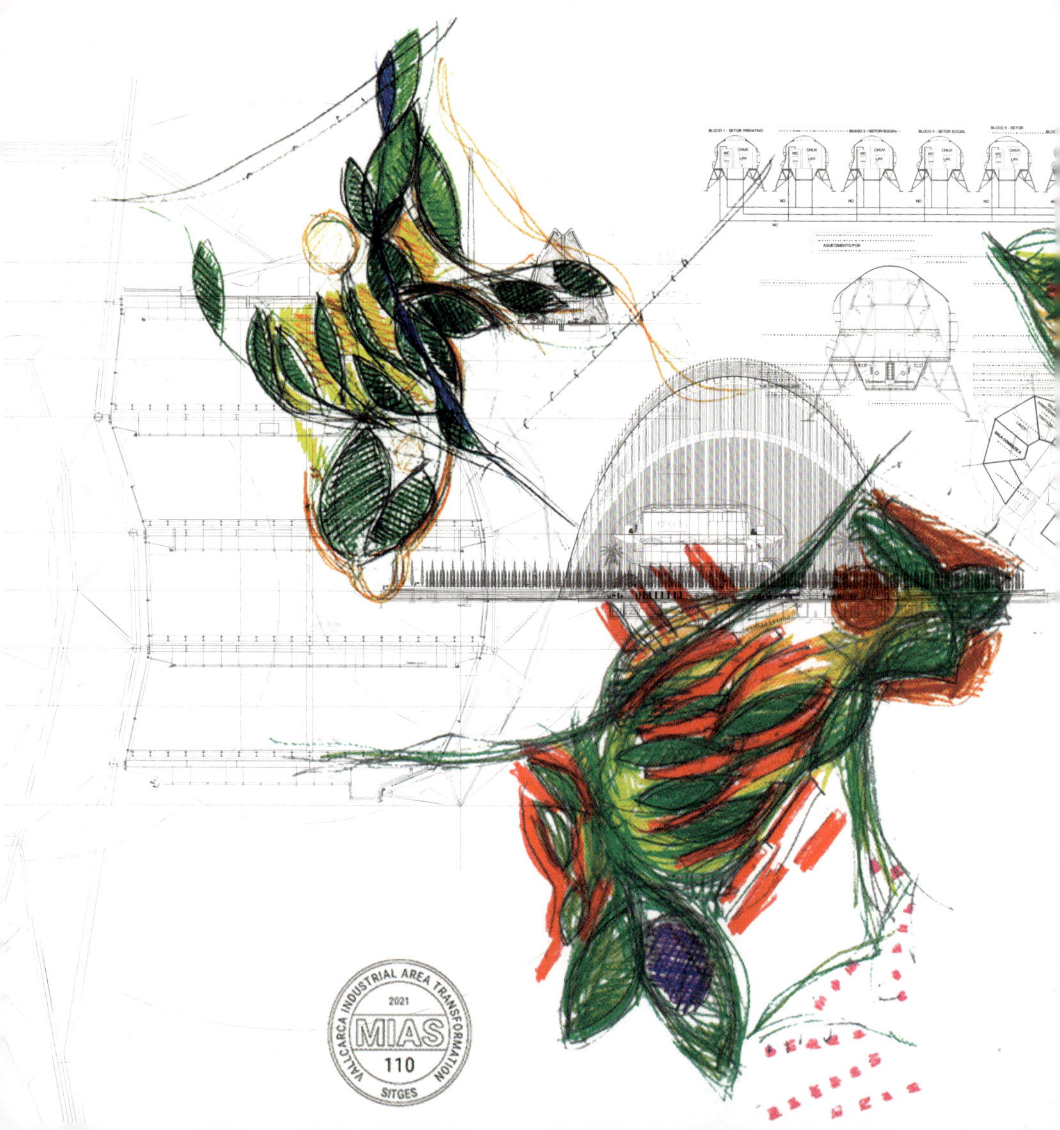
VALLCARCA INDUSTRIAL AREA TRANSFORMATION
2021
MIAS
110
SITGES

TANQUE DE
LAGO 1
OCEANO
E DE MERGULHO
BOMBEAMENTO
SIST. DE TRAT
HELIPONTO
BLOCO 6 - SETOR OPERACIONAL
BLOCO 5 - SETOR
BLOCO 3 - SETOR SOCIAL
BLOCO 4 - SETOR SOCIAL
BLOCO 2 - SETOR DE
BLOCO 1 - SETOR PRIVATIVO
OCEANO
LAGO 2

MARKET AND CULTURAL CENTRE
2009
MIAS
109
CUENCA

DISSENYAR DESOBEINT: LA FORÇA INTRANSIGENT DE L'ARQUITECTURA DE JOSEP MIÀS

MARCOS CRUZ

Alguna vegada heu caminat sota les marquesines del mercat de la Barceloneta, i heu vist el volum en voladís de l'edifici Plug-in al Poblenou, o experimentat l'estructura que es projecta cap a l'exterior a la Casa Topogràfica de Llavaneres? Alguna vegada has sentit l'aigua fluir per les ranures zigzagades del paviment dels espais públics del nucli antic de Banyoles o simplement has passat conduint sota la cúpula suspesa de la seu d'iGuzzini a Sant Cugat del Vallès? Tots aquests moments arquitectònics tenen alguna cosa en comú: tenen una força tectònica que desconcerta per l'expressió incondicional de la forma física. Són estimulants i segur que no deixen indiferent cap usuari o visitant. El disseny en aquest treball es porta a l'extrem, ja que té el poder d'exercir una influència definitòria sobre nosaltres i el nostre entorn.

Vaig conèixer Josep Miàs per primera vegada al voltant del 2011 quan jo era Director de l'Escola d'Arquitectura Bartlett de la UCL. Acabava de rebre un correu electrònic amb el qual vam començar a buscar una possible participació docent a la nostra escola. Després de veure els seus increïbles projectes, ho vaig compartir amb els meus col·legues Frederic Migayrou, Christine Hawley i Jonathan Hill, que es van sorprendre en descobrir el seu prolífic, però encara relativament desconegut treball en el context anglès. El vam convidar i immediatament vam sentir afinitat; no només era una persona molt amable i alegre, sinó que vam trobar una ambició comuna pel que fa a l'exploració d'edificis amb característiques úniques i iconogràfiques, que alhora resulten d'una gran complexitat espacial, expressió estructural i un manierisme lingüístic singular. Sense saber-ho, en Josep s'havia acostat a una "família" d'arquitectes a Londres que el rebia amb els braços oberts, ja que molts de nosaltres perseguíem agendes paral·leles. En aquells anys, la Bartlett s'enriquia amb un brunzit de nous viatgers del continent europeu que volaven regularment per fer classes, entre els quals hi havia Kristina Schinegger i Stefan Rutzinger de Viena, Izaskun Chinchilla de Madrid, David García de Copenhaguen, més tard Johan Berglund d'Estocolm, entre d'altres. Però pocs tenien el repertori constructiu d'en Josep, cosa que va fer que la seva presència a l'escola fos de gran importància. Vam acabar creant l'oportunitat perquè ell dirigís la *Unit 16*, la qual va dirigir amb alguns col·legues més joves per convertir-se en una de les *Units* clau de Bartlett en aquells anys.

A banda de la seva activitat docent, vam organitzar una exposició monogràfica a la Bartlett i el convidàvem a fer diferents conferències. A partir d'aquest contacte amb ell, em vaig adonar que en Josep pertany a una nissaga d'arquitectes que va desapareixent i que sempre traspassa els límits del que és impossible, independentment de les limitacions programàtiques, financeres o de temps. L'obra d'en Josep està imbuïda d'una dura autenticitat i força molt inusual, però també té una excentricitat formal que aquells amb un pedigrí més minimalista troben obertament complicada i fins i tot arrogant. Tot i això, la veritat és que edificis com la casa Paisatge o el Club del Golf de Fontanals, l'Estació del Funicular del Tibidabo i el Centre de Salut Mental Can Zariquiey ens permeten submergir-nos en un camp vivencial extraordinari. Els projectes estan dissenyats per ser acollidors, habitables multidimensionalment en tots els aspectes alhora que permeten a les persones gaudir d'una dimensió teatral que ofereix inspiració i sorpresa.

Els edificis d'en Josep ens inciten a pensar en una de les grans capacitats de l'arquitectura: treure'ns de la vida quotidiana i convertir-la en una cosa que mai no havíem experimentat. Quelcom memorable!

En el fons, amb cada edifici també està contrarestant obertament el conservadorisme conceptual generalitzat, el comercial poc atractiu i la tectònica plana que trobem a gran part del nostre entorn construït contemporani. Veig l'obra d'en Josep en un marc molt més avantguardista, que arrisca i és altament erudit. Veig paral·lelismes amb alguns dels arquitectes més experimentals que sempre van crear un contrapunt vital amb el corrent principal del moment: Bruce Goff, Reima i Raili Pietilä, Lina Bo Bardi, Pancho Guides, Hans Scharoun, Ralph Erskine, Peter Cook, Massaharu Takasaki, Günther Domenig i per descomptat, Enric Miralles, amb qui en Josep va col·laborar i ensenyar durant molts anys. El que associa aquests arquitectes és una irreverència davant l'*establishment* i una impossibilitat de ser categoritzats, ja que cada projecte és únic i un experiment per dret propi. Per a Josep, cada encàrrec o concurs és una oportunitat per transgredir i contradir mentalitats preconcebudes. Això permet desprendre's dels protocols tradicionals en una recerca incessant cap a una nova dimensió estructural i espacial. En aquest context, no hem d'oblidar que ser atrevit i provocatiu en arquitectura és molt més difícil de perseguir que el que veiem a la majoria d'edificis simplistes que ens envolten. En definitiva, en Josep expressa en el seu disseny una força intransigent que és inherentment desafiant i desobedient contra la mundanitat i la repetició a les nostres vides.

M'intriga saber quins seran els propers passos de la seva arquitectura i com trencarà amb noves regles.

DESIGN DISOBEDIENCE: THE UNCOMPROMISING FORCE OF JOSEP MIÀS' ARCHITECTURE

MARCOS CRUZ

Have you ever walked under the canopies of the Barceloneta market, and seen the protruding corner twist of the plug-in offices in Poblenou, or experienced the outward projected structure of the Llavaneres Topographic House? Did you ever touch the running water in the zig-zagging pavement-voids of the Banyoles old town public space, or simply driven passed the suspended dome of the iguzzini Headquarters in Sant Cugat del Valles? All of these architectural moments have something in common: they have a tectonic force that is mystifying due to the unconditional expression of its physical form. They are invigorating and surely do not leave any user or visitor indifferent. Design in this work is taken to an extreme as it has the power to exert a defining influence on us and our surrounding.

I got to know Josep Mias for the first time around 2011 when I was the Director of the Bartlett School of Architecture at UCL. I had just received an email from him where we started looking at some possible teaching involvement in our school. After checking out his incredible projects, I shared it with my colleagues Frederic Migayrou, Christine Hawley and Jonathan Hill, all of whom were amazed to discover his prolific yet still relatively unknow work in the English context. We invited him over and immediately felt a sense of affinity with him; not only was he this friendly and jolly person, but we found a common ambition in what concerns the exploration of buildings with unique and iconographic features, which in turn result from a great spatial complexity, structural expression as well as a distinctive linguistic mannerism. Without really knowing it, Josep had reached out to an architectural 'family' in London that was welcoming him with open arms as many of us were pursuing parallel agendas. In those years the Bartlett was enriched with a buzz of new commuters from the European continent who were flying in regularly for tutorials, including Kristina Schinegger and Stefan Rutzinger from Vienna, Izaskun Chinchilla from Madrid, David Garcia from Copenhagen, later Johan Berglund from Stockholm, amongst others. But few had Josep's building repertoire, which made his presence in the school of great importance. We ended up creating the opportunity for him to run Diploma Unit 16 which he led with some younger colleagues to become one of the key units of the Bartlett in those years.

Along with his teaching, we organised a solo exhibition at the Bartlett and invited him for lectures. From all the contact with him, I got to realise that Josep belongs to a vanishing stripe of architects who always push the boundaries of the impossible regardless of any programmatic, financial or time constraints. Josep's work is imbued with a rough authenticity and strength that is very unusual, but it also has a formal eccentricity that those with a more minimalist pedigree find overtly complicated and rather arrogant. However, the truth is that buildings like the Mollet Landscape House, Fontanals

Golf Clubhouse, Tibidabo Funicular Station, and Can Zariquiey Mental Health Centre allow us to be immersed in an extraordinary experiential field. The projects are designed to be all-embracing, inhabitable manifolds that are multi-dimensional, while allowing people to indulge with a theatrical dimension that offers inspiration and surprise.

Josep's buildings incite us to think of one of architecture's great powers: to move us out of the daily norm into a something we have never experienced before. Something memorable! Deep down, with every building he is also overtly counteracting against pervasive conceptual conservativism, unappealing commercialism and tectonic flatness in much of our contemporary built environment. I see Josep's oeuvre within a much more avant-garde lineage that is risk-taking and highly erudite. I see parallels with some of the most experimental architects who always created a vital counterpoint to the mainstream: Bruce Goff, Reima and Raili Pietilä, Lina Bobardi, Pancho Guedes, Hans Scharoun, Ralph Erskine, Peter Cook, Masaharu Takasaki, Günther Domenig, and of course, Enric Miralles with whom Josep collaborated and taught with for many years. What associates these architects is an irreverence against the establishment and an impossibility to be categorised when every project is unique and an experiment in its own right. For Josep every commission or competition offers the opportunity to transgress and contradict preconceived mindsets. It allows to pull off from traditional protocols in an incessant pursuit for new structural and spatial dimensions. In this context, we should not forget that to be daring and provocative in architecture is so much more difficult to pursue than what we see in the majority of simplistic buildings around us. Ultimately, Josep's design expresses an uncompromising force that is inherently defiant and disobedient against the mundanity and repetition of our lives.

I can't wait for his next design steps and the opportunity to break with new rules.

DISEÑAR DESOBEDECIENDO: LA FUERZA INTRANSIGENTE DE LA ARQUITECTURA DE JOSEP MIÀS

MARCOS CRUZ

¿Alguna vez has caminado bajo las marquesinas del mercado de la Barceloneta, y has visto el volumen en voladizo del edificio Plug-in en el Poblenou, o experimentado la estructura que se proyecta hacia el exterior en la Casa Topográfica de Llavaneres? ¿Alguna vez has sentido el agua fluir por las zigzagueantes ranuras del pavimento de los espacios públicos del casco antiguo de Banyoles, o simplemente has pasado conduciendo bajo la cúpula suspendida de la sede de iGuzzini en Sant Cugat del Vallés? Todos estos momentos arquitectónicos tienen algo en común: tienen una fuerza tectónica que desconcierta por la expresión incondicional de su forma física. Son estimulantes y seguro que no dejan indiferente a ningún usuario o visitante. El diseño en este trabajo se lleva al extremo, ya que tiene el poder de ejercer una influencia definitoria sobre nosotros y nuestro entorno.

Conocí a Josep Miàs por primera vez alrededor de 2011 cuando yo era Director de la Escuela de Arquitectura Bartlett de la UCL. Acababa de recibir un correo electrónico suyo en el que empezamos a buscar una posible participación docente en nuestra escuela. Después de ver sus increíbles proyectos, lo compartí con mis colegas Frederic Migayrou, Christine Hawley y Jonathan Hill, quienes se sorprendieron al descubrir su prolífico, pero aun relativamente desconocido trabajo en el contexto inglés. Lo invitamos e inmediatamente sentimos afinidad; no sólo era una persona amable y alegre, sino que encontramos una ambición común en lo que concierne a la exploración de edificios con características únicas e iconográficas, que a su vez resultan de una gran complejidad espacial, expresión estructural y un manierismo lingüístico singular. Sin realmente saberlo, Josep se había acercado a una "familia" de arquitectos en Londres que lo recibía con los brazos abiertos, ya que muchos de nosotros perseguíamos agendas paralelas. En esos años, la Bartlett se enriquecía con un zumbido de nuevos viajeros del continente europeo que volaban regularmente para dar clases, entre los que estaban Kristina Schinegger y Stefan Rutzinger de Viena, Izaskun Chinchilla de Madrid, David García de Copenhague, más tarde Johan Berglund de Estocolmo, entre otros. Pero pocos tenían el repertorio constructivo de Josep, lo que hizo que su presencia en la escuela fuera de gran importancia. Terminamos creando la oportunidad para que él dirigiera la *Unit 16* la cual dirigió con algunos colegas más jóvenes para convertirse en una de las *Units* clave de Bartlett en esos años.

Aparte de su actividad docente, organizamos una exposición individual en la Bartlett y lo invitamos a dar distintas conferencias. A partir de este contacto con él, me di cuenta de que Josep pertenece a una estirpe de arquitectos que van desapareciendo y que siempre traspasan los límites de lo imposible, independientemente de las limitaciones programáticas, financieras o de tiempo. La obra de Josep está imbuida de una dura autenticidad y una fuerza muy inusual, pero también tiene una excentricidad formal que aquellos con un pedigrí más minimalista encuentran abiertamente complicada e incluso arrogante. Sin embargo, lo cierto es que edificios como la Casa Paisaje o el Club de Golf de Fontanals, la Estación del Funicular del Tibidabo y el Centro de Salud Mental Can Zariquiey nos permiten sumergirnos en un campo vivencial extraordinario. Los proyectos están diseñados para ser acogedores, habitables multidimensionalmente en todos sus aspectos, al tiempo que permiten a las personas disfrutar de una dimensión teatral que ofrece inspiración y sorpresa.

Los edificios de Josep nos incitan a pensar en una de las grandes capacidades de la arquitectura: sacarnos de la vida cotidiana y convertirnos en algo que nunca antes habíamos experimentado. ¡Algo memorable!

En el fondo, con cada edificio también está contrarrestando abiertamente el conservadurismo conceptual generalizado, el comercial poco atractivo y la tectónica plana que encontramos en gran parte de nuestro entorno construido contemporáneo. Veo la obra de Josep en un marco mucho más vanguardista, que arriesga y es altamente erudito. Veo paralelismos con algunos de los arquitectos más experimentales que siempre crearon un contrapunto vital con la corriente principal del momento: Bruce Goff, Reima y Raili Pietilä, Lina Bo Bardi, Pancho Guedes, Hans Scharoun, Ralph Erskine, Peter Cook, Masaharu Takasaki, Günther Domenig y por supuesto, Enric Miralles, con quien Josep colaboró y enseñó durante muchos años. Lo que asocia a estos arquitectos es una irreverencia frente al *establishment* y una imposibilidad de ser categorizados, ya que cada proyecto es único y un experimento por derecho propio. Para Josep, cada encargo o concurso es una oportunidad para transgredir y contradecir mentalidades preconcebidas. Esto le permite desprenderse de los protocolos tradicionales en una búsqueda incesante hacia una nueva dimensión estructural y espacial. En este contexto, no debemos olvidar que ser atrevido y provocativo en arquitectura es mucho más difícil de perseguir que lo que vemos en la mayoría de edificios simplistas que nos rodean. En última instancia, Josep expresa en su diseño una fuerza intransigente que es inherentemente desafiante y desobediente contra la mundanidad y la repetición en nuestras vidas.

Me intriga saber cuáles serán los próximos pasos de su arquitectura y como romperá con nuevas reglas.

"MIAS. The *making* of making (architecture)" ofereix l'oportunitat de conèixer de prop el procés creatiu i de producció de l'estudi MIAS Architects a través de maquetes, esbossos o collages.

L'arquitectura és una indústria creativa rica en maneres de pensar i recrear tot allò que ens envolta a diferents nivells, des dels espais urbans on ens movem fins als edificis i els interiors que habitem. Sempre col·laboradora amb altres esferes del disseny, pot obrir nous camins de pensament i oferir plantejaments creatius innovadors que ajudin la ciutat a encarar els reptes actuals.

L'exposició que us proposa el Disseny Hub Barcelona permet descobrir els processos interns de creació que han generat les obres de MIAS Architects. Despatx d'arrel barcelonina i projecció internacional, és exemple de com el talent local ha sabut projectar-se i impactar arreu del món. Una mostra que la creativitat pot ser potenciadora d'oportunitats per al futur de la ciutat.

—Mireia Escobar
Directora
Disseny Hub Barcelona

Aquesta exposició analitza els processos de disseny de l'estudi d'arquitectura MIAS, fundat per Josep Miàs l'any 2000. A través del material de l'estudi, l'exposició posa èmfasi en tot allò que succeeix abans de l'obra construïda. La mostra proposa un recorregut pel procés de disseny a través de set conceptes: Entre línies, Tot podria ocórrer, Espais onírics, Arxiu, Arquitectura per emportar, Raigs-X i Superfícies esquinçades. Aquests conceptes apel·len a les accions més bàsiques del procés creatiu i productiu de l'estudi.
Algunes de les maquetes, esbossos, collages i imatges d'aquest recorregut han estat recentment exposades a la sala MIAS del Centre Pompidou, i formen part de la col·lecció permanent del museu.

Entre línies ens mostra l'arquitectura que sorgeix de les escletxes i que concep l'espai entre dues línies com una oportunitat i un inici. Aquestes escletxes poden donar lloc a carrers, passatges o canals, però sempre creen espais de trobada. L'arquitectura queda definida per aquests espais buits que deixen passar la vida i que permeten la lliure circulació de les persones, de l'aire i, fins i tot, de l'aigua.
El projecte de rehabilitació del centre històric de Banyoles deixa passar l'aigua entre les línies dibuixant escletxes a la pedra. També ho fan els projectes del Plug-in Building al 22@, l'Escola Annexa Joan Puigbert o els habitatges socials a la Marina del Prat Vermell, quan s'obren als vianants a través dels seus carrers interiors.

Tot podria ocórrer recupera el joc més elemental de la infantesa: l'acoblament de peces. En aquest espai es mostra com l'encaix i la superposició de peces articula un projecte. Aquest és un moment primigeni del procés de disseny, en el qual tot està encara obert i el projecte pot prendre qualsevol forma.
Les complexes geometries de la seu d'iGuzzini, el Plug-in Building o el Mercat de la Barceloneta són comprensibles només a partir d'aquestes petites peces que les articulen, com ròtules dels projectes.

Espais Onírics endinsa el visitant al món de la fantasia i l'inconscient. Aquest espai es divideix en dues seccions que s'interpel·len contínuament.
La primera, dedicada al fantàstic món de les atraccions i l'experimentació, presenta l'atracció d'Embruixabruixes, el Mariontarium o el nou Funicular del Tibidabo.
A la segona, en canvi, una sèrie de collages dels centres de salut mental de Can Zariquiey i Calella ens presenten allò que l'inconscient imagina a partir dels projectes, i no tant allò que hom veurà un cop l'obra estigui construïda.

Arxiu presenta una selecció de l'extensa col·lecció de maquetes de l'estudi. La catalogació d'aquestes maquetes permet un diàleg entre els projectes.
L'ordre d'*Arxiu* posa en evidència allò que els projectes comparteixen. Cada projecte es converteix així en un exercici per al següent.

Arquitectura per emportar-se mostra projectes preparats per fugir, per escapar a qualsevol altre lloc més enllà de l'emplaçament preestablert. Una arquitectura que, precisament pel seu context, pot permetre's aixecar el vol com si es tractés d'un globus de Leonidov. Aquests projectes sorgeixen i es desenvolupen somiant que sempre podran ser-hi a un altre món. És el cas de la nova seu d'iGuzzini, el Cloud Andorra Telecom, l'estació de Brasil a l'Antàrtida o el CaixaForum de València.

Raigs-X ens mostra l'arquitectura oculta, aquella que queda amagada per façanes i revestiments, però que perdurarà en el temps o serà la seva ruïna.
Aquest espai despulla l'arquitectura per fer-nos conscients de la seva bellesa nua, i de com aquesta bellesa podria dibuixar el paisatge futur en què els revestiments més fràgils no seran capaços d'ocultar-la.

Superfícies esquinçades ens introdueix dins l'univers del collage en l'arquitectura. Històricament repudiat pels arquitectes pel seu caràcter ornamental, el paper constitueix en l'arquitectura de MIAS una capa de significat i d'història.
Des de la vitalitat i l'actitud reivindicativa dels collages de Villeglé, MIAS transfereix informació manualment als grans panells dels mercats de Can Vidalet o La Plana.
L'empaperament total del Centre d'interpretació Cal Xerta, a través del llenguatge artístic de Riudebitlles Territori d'Art, afegeix radicalitat a aquest mitjà d'expressió.

"MIAS. The *making* of making (architecture)" represents a fantastic opportunity to get a closer look at the creative and productive process of MIAS Architects through a series of models, sketches and collages.

Architecture is a creative industry rich in ways of considering and recreating everything around us on different levels: from the urban spaces we move through to the buildings and interior spaces we inhabit. Always collaborating with other spheres of design, it can open up new ways of thinking and offer creative and innovative approaches to help the city address contemporary challenges.

This exhibition at the Barcelona Design Hub allows visitors to discover the internal creative processes behind the projects of MIAS Architects. This architecture studio - with a distinct international outlook but roots in the city of Barcelona - is an example of how local talent has managed to project itself and make an impact around the world. It serves as proof that creativity can produce opportunities for the future of the city.

—Mireia Escobar
Director
Disseny Hub Barcelona

This exhibition analyses the design processes of the MIAS architecture studio, founded by Josep Miàs in 2000. Through the works produced by the studio, the exhibition takes an in-depth look at all that goes on before the work is built. These pieces showcase a journey through the design process by exploring seven concepts: Between Lines, Everything Could Happen, Oneiric Spaces, Assemblage, Takeaway Architecture, X-RAYS and Ripped Surfaces. These concepts address some of the fundamental actions behind the creative and productive process of the studio. Some of the models, sketches, collages and images of this exhibition have been displayed in the MIAS room of the Pompidou Centre, and are part of the museum's permanent collection.

Between Lines shows us the architecture that emerges from the cracks and that conceives the space between two lines as both an opportunity and a beginning. These cracks may give rise to streets, passageways or canals, but will never fail to create meeting points. Architecture is defined by these empty spaces, which give way to life and allow for the flow of people, air and even water. The renovation project carried out on the historic centre of Banyoles allows water to flow between the lines, drawing cracks in the stone. This is also the case with the Plug-in Building at 22@, the Joan Puigbert Annex School or the social housing in the Marina del Prat Vermell, as they let pedestrians pass through their inner walkways.

Everything Could Happen brings forth the most elementary childhood game: the assembly of pieces. This space shows how a project is articulated through the linking and overlapping of pieces. This is a primordial moment in the design process, in which everything is still open and the project can take on any form. The only way to understand the complex geometries of the iGuzzini headquarters, the Plug-in Building or the Barceloneta Market is through the small pieces that comprise them as the cornerstones of the projects.

Oneiric Spaces takes the visitor into the world of fantasy and the unconscious. This space is divided into two sections that continuously question each other.
The first, dedicated to the fantastic world of rides and experimentation, presents the Embruixabruixes ride, the Mariontarium and the new Tibidabo Funicular. In the second, on the other hand, a series of collages made by residents from the mental health centres of Can Zariquiey and Calella present the possibilities that a project can instil in the unconscious, rather than what will be seen once the work has been built.

Assemblage presents part of the extensive collection of models from the studio archive. The inventory of these models establishes a dialogue between the projects. The order of *Assemblage* showcases what the projects share. Each project thus becomes an exercise for the next.

Takeaway architecture shows projects which are ready to flee, to escape to any other place beyond their bounds. On account of its context, this architecture seems as if it were about to take to the sky, just like a Leonidov balloon. These projects emerge and are developed by dreaming that they could always be in another world. This is the case of the new iGuzzini headquarters, the Cloud Andorra Telecom, the Brazil station in Antarctica or the CaixaForum in Valencia.

X-Rays shows us the hidden architecture behind facades and cladding, yet which will endure over time or will eventually become its ruin. This space strips back architecture to reveal to us its naked beauty, showing us how this beauty could come to trace the future landscape in which the building's most fragile exterior elements have long since degraded.

Ripped Surfaces transports us into the realm of collage in architecture. Formerly shunned by architects due to its ornamental nature, paper constitutes a layer of meaning and history in the architecture of MIAS.
Inspired by the vitality and activist nature of Villeglé's collages, MIAS manually conveys information to the enormous panels of the Can Vidalet and La Plana markets. The total embellishment of the Cal Xerta Interpretation Centre, through the artistic language of Riudebitlles Territori d'Art, adds radicalism to this means of expression.

"MIAS. The *making* of making (architecture)" ofrece la oportunidad de conocer de cerca el proceso creativo y de producción del estudio MIAS Architects a través de maquetas, bocetos o *collages*.

La arquitectura es una industria creativa rica en formas de pensar y recrear todo lo que nos rodea a distintos niveles, desde los espacios urbanos donde nos movemos hasta los edificios y los interiores que habitamos. Siempre colaboradora con otras esferas del diseño, puede abrir nuevos caminos de pensamiento y ofrecer planteamientos creativos innovadores que ayuden a la ciudad a encarar los retos actuales.

La exposición que propone el Disseny Hub Barcelona permite descubrir los procesos internos de creación que han generado las obras de MIAS Architects. Despacho de raíz barcelonesa y proyección internacional, es ejemplo de cómo el talento local ha sabido proyectarse e impactar en todo el mundo. Una muestra de que la creatividad puede ser potenciadora de oportunidades para el futuro de la ciudad.

—Mireia Escobar
Directora
Disseny Hub Barcelona

Esta exposición analiza los procesos de diseño del estudio de arquitectura MIAS, fundado por Josep Miàs en el año 2000. A través del material del estudio, la exposición pone el acento sobre todo aquello que sucede antes de la obra construida. La muestra propone un recorrido por el proceso de diseño a través de siete conceptos: Entre líneas, Todo podría suceder, Espacios oníricos, Archivo, Arquitectura para llevar, Rayos-X y Superficies rasgadas. Estos conceptos apelan a las acciones más básicas del proceso creativo y productivo del estudio.
Algunas de las maquetas, bocetos, *collages* e imágenes de este recorrido han sido recientemente expuestas en la sala MIAS del Centro Pompidou, y forman parte de la colección permanente del museo.

Entre líneas nos muestra la arquitectura que surge de las grietas y que concibe el espacio entre dos líneas como una oportunidad y un inicio. Estas grietas pueden dar lugar a calles, pasajes o canales, pero siempre crean espacios de encuentro. La arquitectura queda definida por estos espacios vacíos que dan paso a la vida y que permiten la libre circulación de las personas, del aire e, incluso, del agua. El proyecto de rehabilitación del centro histórico de Banyoles deja pasar el agua entre las líneas dibujando grietas en la piedra. También lo hacen los proyectos del Plug-in Building en el 22@, la Escola Annexa Joan Puigbert o las viviendas sociales en la Marina del Prat Vermell cuando se abren a los peatones a través de sus calles interiores.

Todo podría suceder recupera el juego más elemental de la infancia: el ensamblaje de piezas. En este espacio se muestra cómo el encaje y la superposición de piezas articula un proyecto. Este es un momento primigenio del proceso de diseño, en el que todo está aún abierto y el proyecto puede tomar cualquier forma. Las complejas geometrías de la sede de iGuzzini, el Plug-in Building o el Mercado de la Barceloneta son comprensibles solo a partir de estas pequeñas piezas que las articulan, como rótulas de los proyectos.

Espacios Oníricos adentra al visitante en el mundo de la fantasía y del inconsciente. Este espacio se divide en dos secciones que se interpelan continuamente.
La primera, dedicada al fantástico mundo de las atracciones y la experimentación, presenta la atracción Embruixabruixes, el Mariontarium o el nuevo Funicular del Tibidabo. En la segunda, en cambio, una serie de collages de los centros de salud mental de Can Zariquiey y Calella nos presentan lo que el inconsciente imagina a partir de los proyectos, y no tanto lo que se verá una vez que la obra esté construida.

Archivo presenta una parte de la extensa colección de maquetas del estudio. La catalogación de estas maquetas permite establecer un diálogo entre los proyectos.
El orden de *Archivo* pone de manifiesto lo que los proyectos comparten. Cada proyecto se convierte así en un ejercicio para el siguiente.

Arquitectura para llevar muestra proyectos preparados para huir, para escapar a cualquier otro lugar más allá del emplazamiento preestablecido. Una arquitectura que, precisamente por su contexto, puede permitirse levantar el vuelo como si se tratara de un globo de Leonidov. Estos proyectos surgen y se desarrollan soñando que siempre podrán estar en otro mundo. Es el caso de la nueva sede de iGuzzini, el Cloud Andorra Telecom, la estación de Brasil en la Antártida o el CaixaForum de Valencia.

Rayos-X nos muestra la arquitectura oculta, aquella que queda escondida tras fachadas y revestimientos, pero que perdurará en el tiempo o será su ruina.
Este espacio desviste la arquitectura para hacernos conscientes de su belleza desnuda, y de cómo esta belleza podría dibujar el paisaje futuro en el que los revestimientos más frágiles no serán capaces de ocultarla.

Superficies rasgadas nos introduce en el universo del collage en la arquitectura. Históricamente repudiado por los arquitectos por su carácter ornamental, el papel constituye en la arquitectura de MIAS una capa de significado y de historia. Desde la vitalidad y la actitud reivindicativa de los collages de Villeglé, MIAS transfiere información manualmente a los grandes paneles de los mercados de Can Vidalet o La Plana. El empapelado total del Centro de interpretación Cal Xerta, a través del lenguaje artístico de Riudebitlles Territori d'Art, añade radicalidad a este medio de expresión.

[Layering]

BETWEEN LINES

Rehabilitació del nucli antic
Banyoles, 2010

E45
estándar
E38
estándar
E46
E31
estándar
E39
E40
estándar
E05
E14
E24
E33
E41
E49
E06
E25
E34
E42
E50
E07
E16
E26
E35
E43
E51
E17
E27
E52
E18
E28
E36
E44
E53
E29

E54 estandar
S01
S30
S02
S11
S21
S31
E55 estandar
E62 estandar
S12
S22
S32 estandar
E56
E63
S04
S13 estandar
S23 estandar
S3 estandar
E57
E64
S05 estandar
S14 estandar
S24
E58
S06 estandar
S15 estandar
S25
S34 estandar
E59
E65
S07
S16
S26
S08
S17
S35
E60
E66
S09
S18
S27
S36
E61
S19
S28
S3

[Ensambling]

EVERYTHING COULD HAPPEN

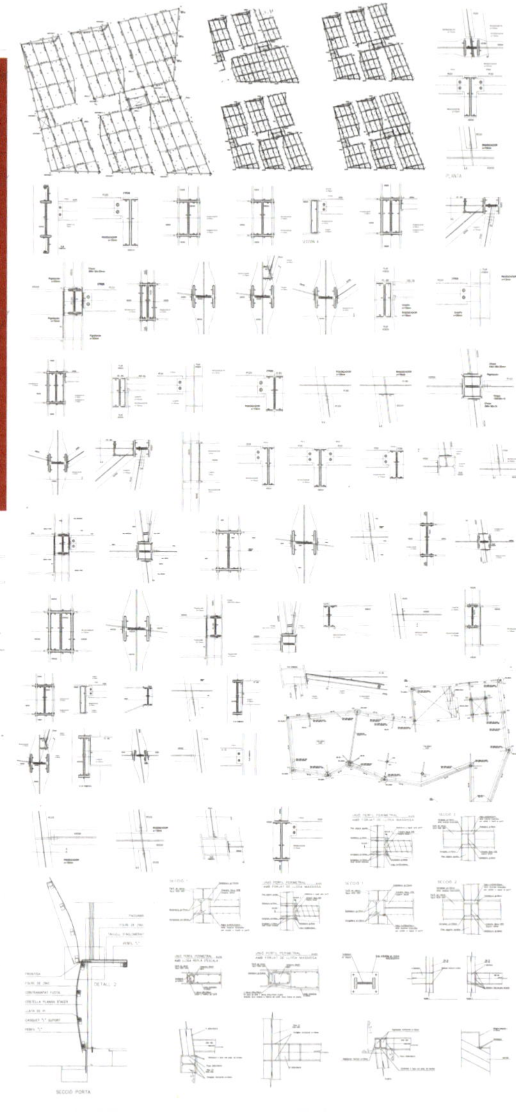

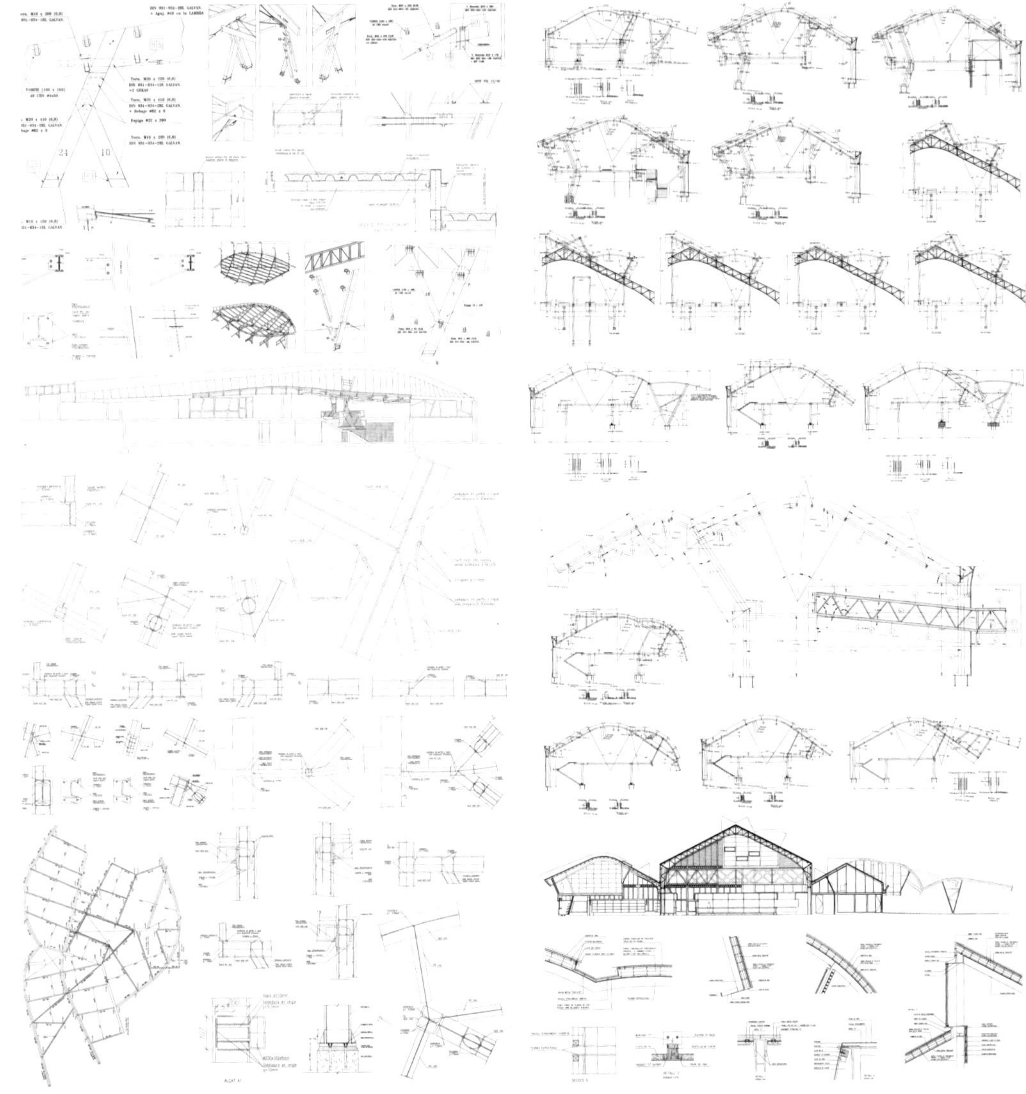

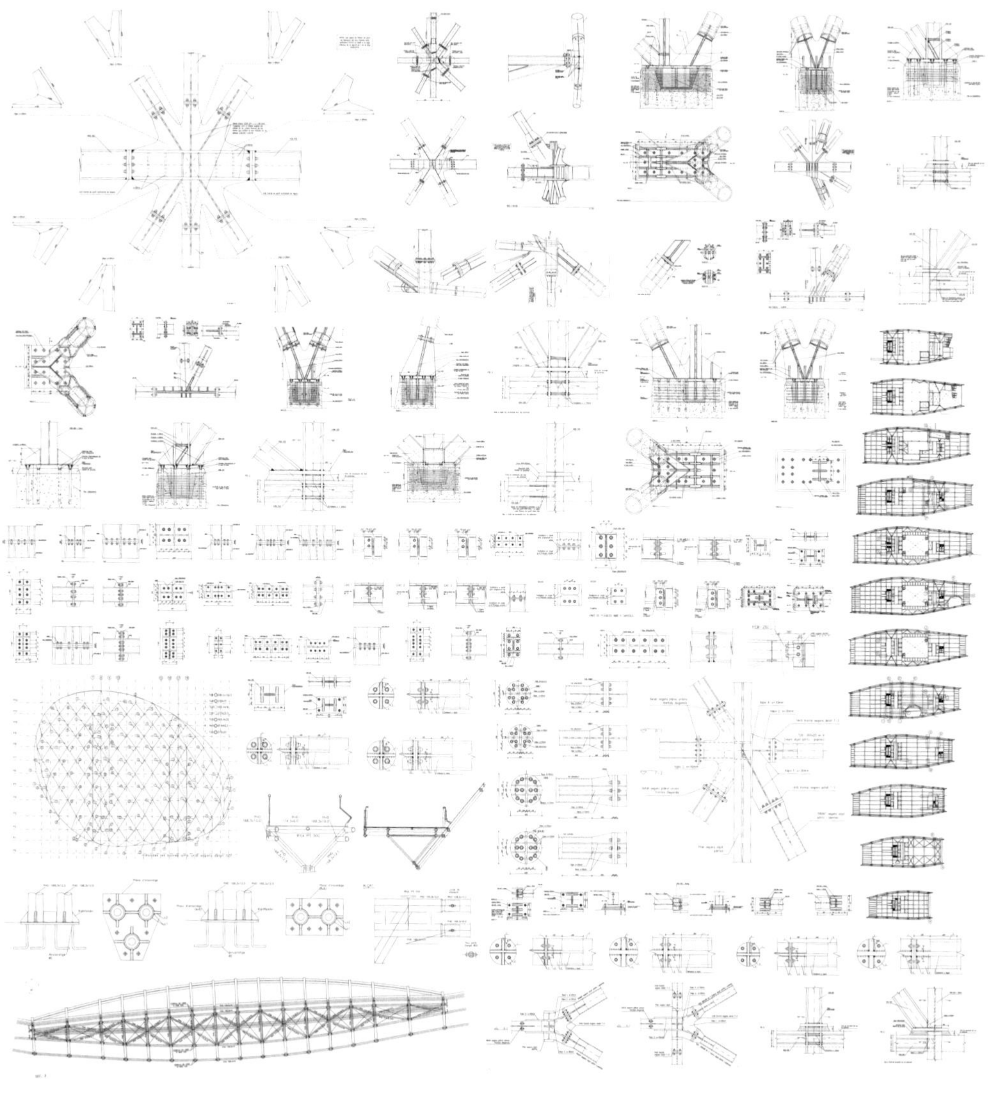

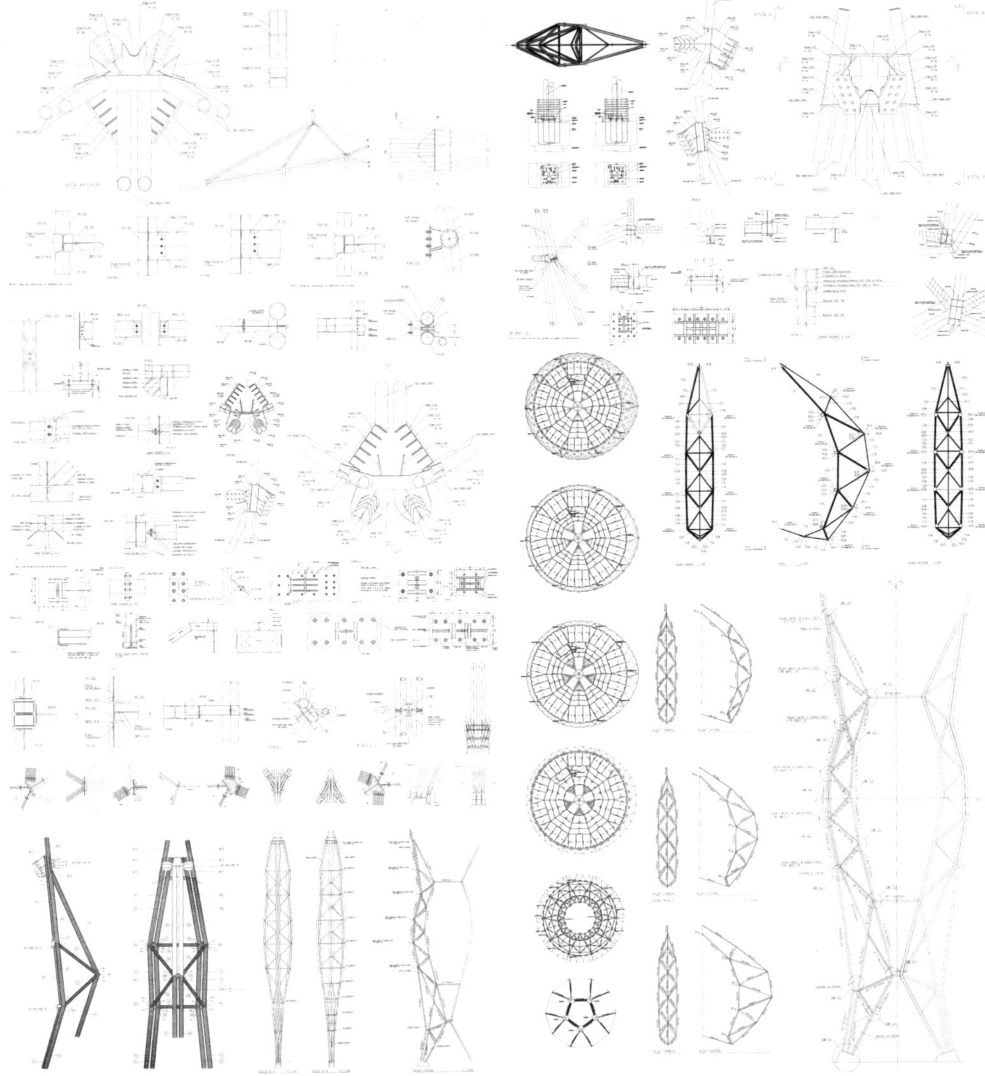

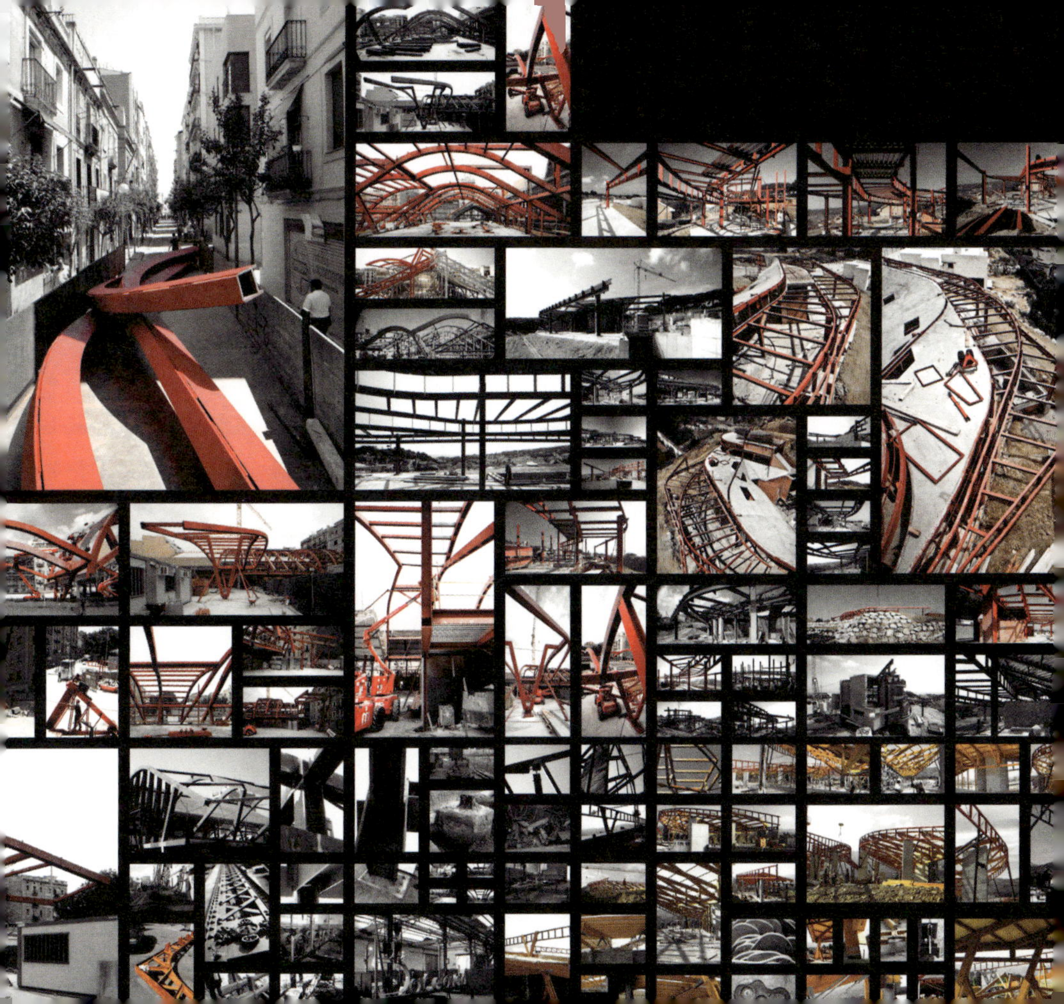

Club de Golf Fontanals, Fontanals 2004

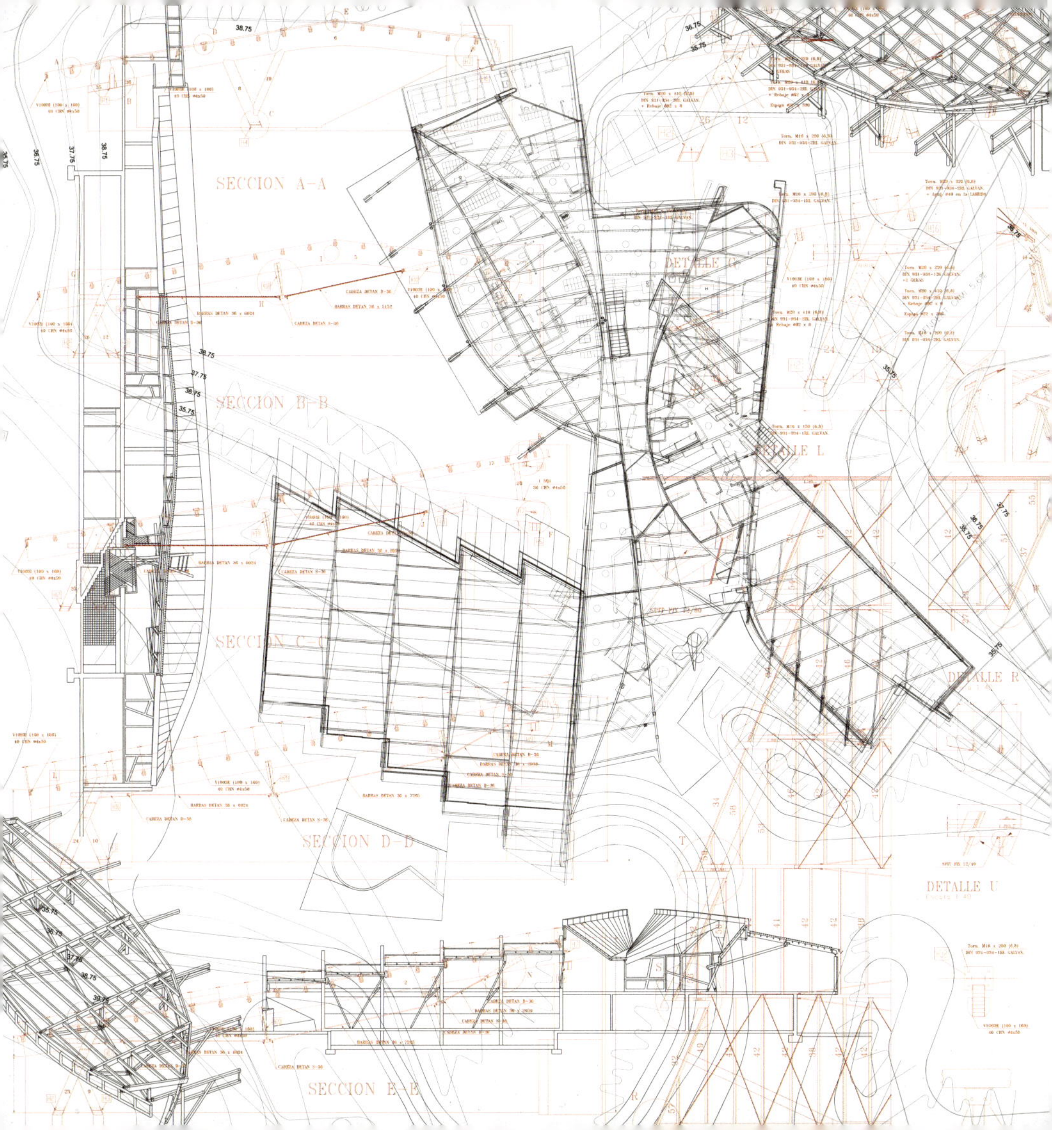

SECCION A-A
SECCION B-B
SECCION C-C
SECCION D-D
SECCION E-E
DETALLE C
DETALLE L
DETALLE R
DETALLE U

Mercat Can Vidalet, Esplugues 2021

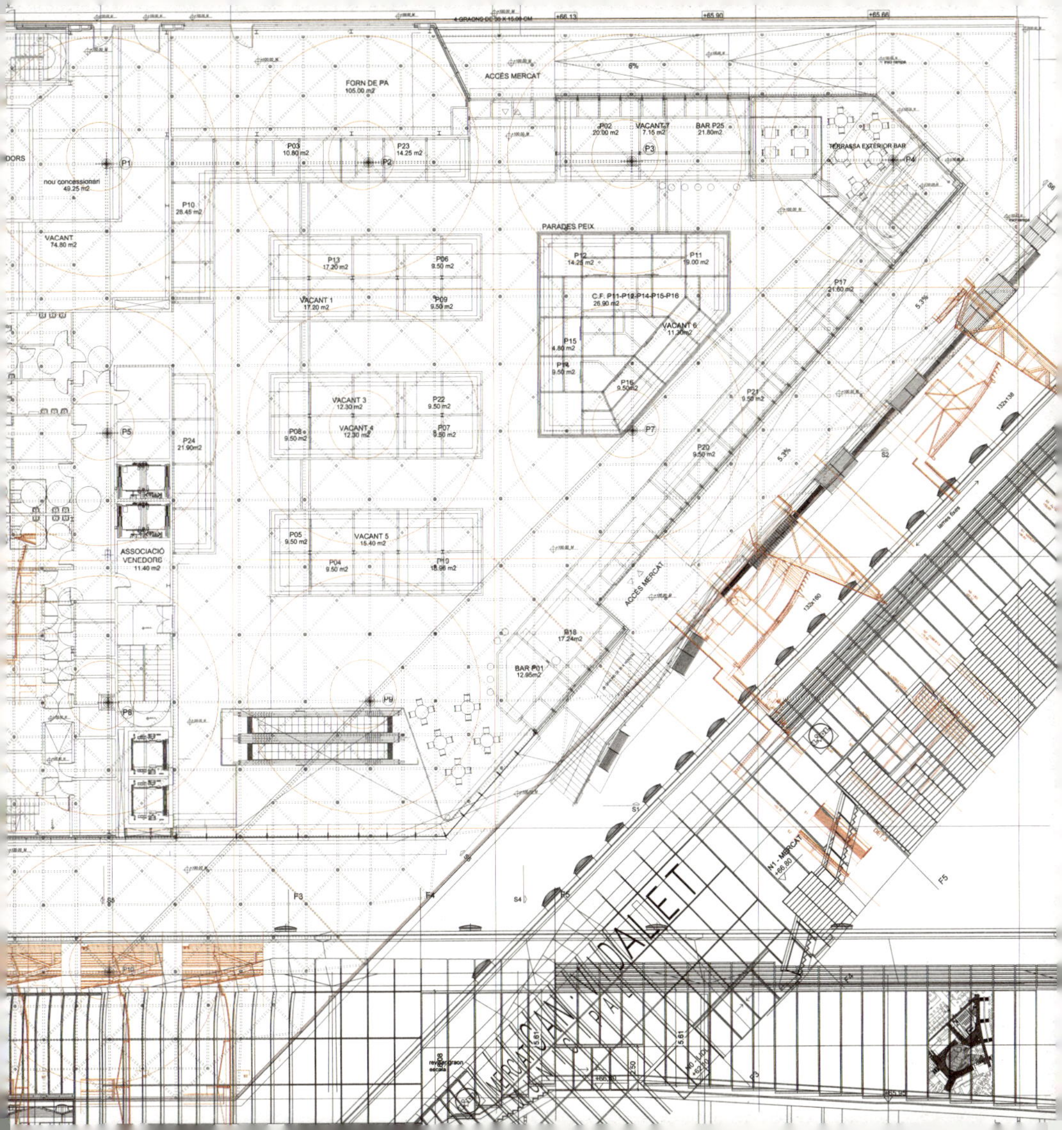

FORN DE PA
105.00 m2
ACCÉS MERCAT
P03
10.80 m2
P23
14.25 m2
P02
20.00 m2
VACANT 7
7.15 m2
BAR P25
21.80 m2
TERRASSA EXTERIOR BAR
nou concessionari
49.25 m2
P10
28.45 m2
VACANT
74.80 m2
PARADES PEIX
P13
17.20 m2
P06
9.50 m2
VACANT 1
17.20 m2
P09
9.50 m2
P12
14.25 m2
P11
19.00 m2
C.F. P11-P12-P14-P15-P16
26.90 m2
VACANT 6
11.30m2
P15
4.80 m2
P14
9.50 m2
P15
9.50m2
P17
21.60 m2
P21
9.50 m2
P20
9.50 m2
VACANT 3
12.30 m2
P22
9.50 m2
P08
9.50 m2
VACANT 4
12.30 m2
P07
9.50 m2
P24
21.90m2
P05
9.50 m2
VACANT 5
15.40 m2
P04
9.50 m2
P19
18.96 m2
ASSOCIACIÓ
VENEDORS
11.40 m2
ACCÉS MERCAT
P18
17.24m2
BAR P01
12.95m2
N1 - MERCAT
+66.80
MERCAT CAN VIDALET

Mercat La Plana, Esplugues 2021

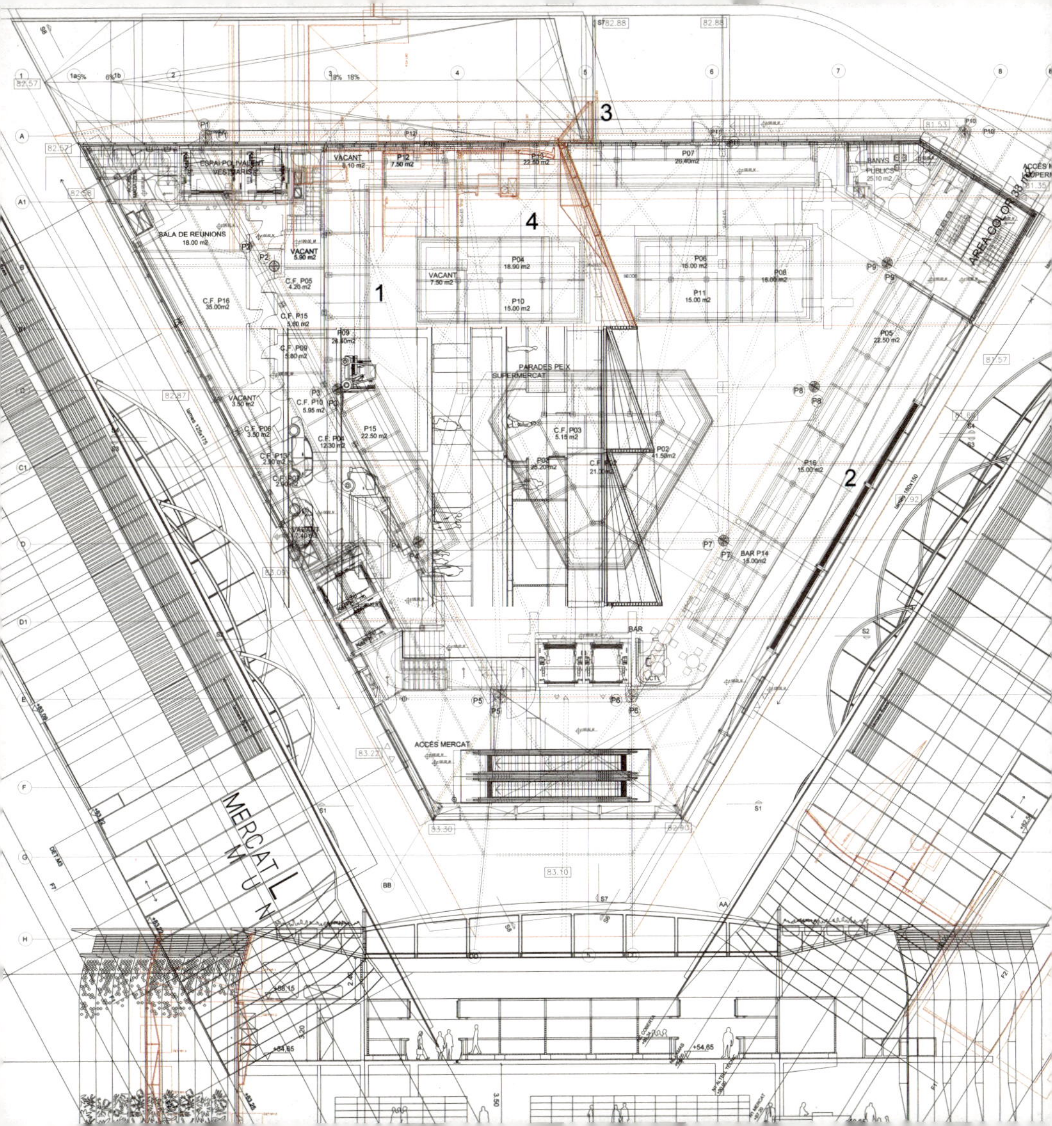

Mercat Barceloneta, Barcelona 2007

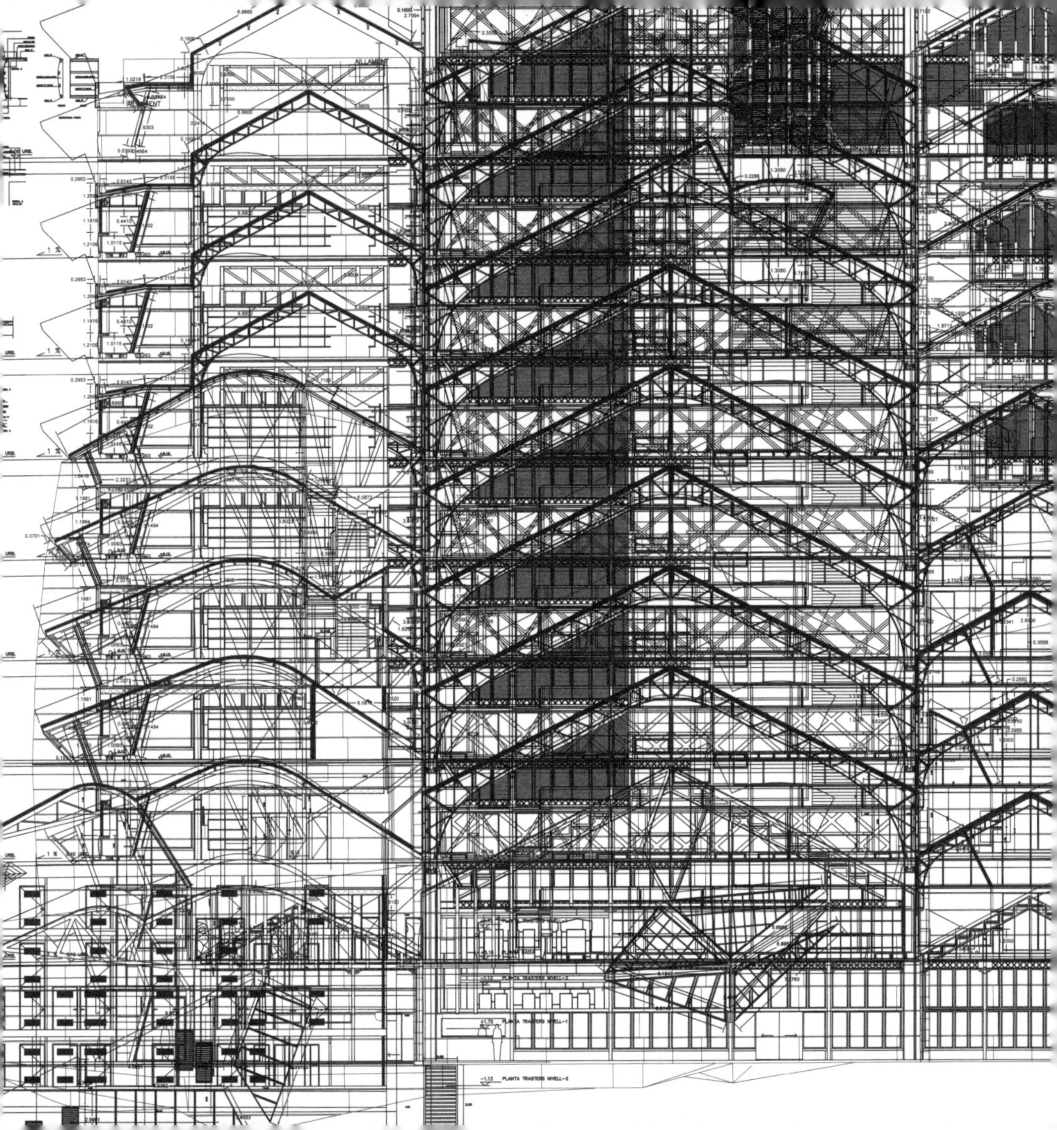

Josep Miàs evolució estructural

Josep Maria Montaner

Tal com va escriure Gottfried Semper (1803-1879) a mitjans del segle XIX, l'arquitectura és espai i aquest espai es construeix i delimita amb la tècnica, acoblada des de la lògica de l'estereotomia. En tota l'evolució estructural de l'obra de Josep Miàs, es percep aquesta essència tècnica, un intens i incansable sentit de la recerca, en diverses direccions, de la materialitat i de la lleugeresa.

A partir de la seva experiència de treballar amb Enric Miralles (1955-2000) i, especialment, de dedicar-se a tirar endavant les obres, en el fragor de la indústria, Miàs ha sabut evolucionar cap a les possibilitats formals, espacials i combinatòries de les estructures lleugeres. De la metàfora surrealista del núvol o de l'objecte de desig del globus volàtil, ha anat evolucionant cap a una arquitectura lleugera i transparent i, al mateix temps, possible, eficaç i arrelada. De fet, dels pilars dansaires en l'imaginari d'Enric Miralles ha anat passant a la precisió dels sistemes d'estructures tubulars. És a dir, la mateixa lògica de la tecnologia i dels materials ha estat la guia cap a la natura i les formes orgàniques, proteiques i amb esperit per créixer i, alhora, cap a les formes basades en la simetria i la repetició, el rigor i la precisió.

Possiblement, a les seves maquetes fetes amb varetes de ferro soldades hi batega encara la fràgil i inestable arquitectura dels inicis d'Enric Miralles i Carme Pinós; unes maquetes de varetes que han evolucionat des de les primeres, fetes de fusta de balsa, una evolució que ha anat cap a l'essència de l'arquitectura, tendint cap a l'esquelet, cap a la síntesi.

També és molt «semperiana» la manera com es col·loquen les pells, entre les façanes i les cobertes, com teles que s'adapten al cos de l'edifici i que creixen i s'engrosseixen per albergar els usos, com si fos un apèndix, com va fer a les claraboies de l'aparcament de l'estació de ferrocarril de Girona (1997-2000) i al mercat de la Barceloneta (2001-2007).

No hi ha dubte que, en aquesta metamorfosi, dues obres han estat moments clau de frontissa i transició. L'estudi a fons de com mutar i consolidar l'estructura de l'esmentat mercat de la Barceloneta li va aportar els secrets de la lògica estereotòmica d'aquesta classe de naus vuitcentistes. I la nova seu de l'empresa iGuzzini, a Sant Cugat (2006-2011), li ha permès el salt cap a un nou repertori de formes i una nova xarxa estructural, insuflada per la fluïdesa i la continuïtat, com en els dibuixos umbilicals de Paul Klee: una esfera aplatada sobre una gran base prismàtica. El núvol ha aterrat i s'ha convertit en un objecte lluminós, un gran far.

Altres obres assenyalen aquesta evolució: les reminiscències organicistes i tel·lúriques al Club de Golf Fontanals (2004), les nuades al pont de Palafolls (2012), i la combinatòria modular a l'edifici d'oficines Plug-in al 22@ de Barcelona (2012), fins a arribar a la recuperació i reinterpretació de la tradició estereotòmica de naus i cobertes als dos mercats projectats a Esplugues de Llobregat (2020).

Aquesta arquitectura de malles ens remet a experiments com els de l'enginyer d'origen alemany, exiliat als Estats Units, Konrad Wachsmann (1901-1980), impulsor de les estructures lleugeres tubulars, i també com els de l'arquitecta nord-americana, nascuda a la Xina, Anne Tyng (1920-2011), pionera de les malles habitables i de les cobertes lleugeres que es va formar a Harvard i que des del 1945 fins al 1964 va treballar amb Louis Kahn; primer, quan aquest estava associat amb Oscar Stonorov i, després, com la gran experta en estructures que tan imprescindible va ser per a Kahn durant anys. Aquesta connexió amb Anne Tyng queda demostrada pel fet que Miàs la va convidar a fer una conferència a l'Escola d'Arquitectura del Vallès (ETSAV), cap a l'any 2001.

En aquesta evolució, el projecte encara no realitzat de la seu de Telecom a Andorra la Vella (2016) significa la concreció del núvol, vol aconseguir el desig surrealista i convertir-lo en metàfora del món digital: l'espai que flota en l'aire, tocant lleugerament el sòl. Torna el somni de les bombolles vitals de Frederick Kiesler (1890-1965), des del Teatre Sense Fi fins al Bucephalus.

També en aquesta evolució hi ha excepcions que confirmen la versatilitat del mètode, com el projecte de remodelació dels habitatges entre mitgeres al carrer Hospital de Barcelona (2018), per reconvertir un escenari quotidià amuntegat i insalubre en un lloc digne i habitable, amb aire i llum natural. La imaginació pren disciplina i s'adapta, amb el rigorós estudi, registre i diagnòstic de la dura, variada i pintoresca realitat d'uns habitatges que semblen estar més aviat a Hanoi que a Barcelona. Aquí, el mecanisme consisteix en un savi sistema de buidatge de volums: espai per a oxigenar més els patis existents.

I, complementant tota l'obra, hi ha l'extensa col·lecció de maquetes, que recreen, a diferents escales i des de diverses perspectives, cadascun dels projectes, temptejant contínuament les idees clau de cada estructura i acoblament. I cada projecte genera una preciosa i llarga col·lecció de dibuixos, que segueixen el camí de l'impuls creatiu i artístic que hi havia a l'inici de cadascun dels projectes.

Josep Miàs structural evolution

Josep Maria Montaner

As Gottfried Semper (1803-1879) wrote in the mid-19th century, architecture is space and this space is constructed and delimited by technique, assembled through the logic of stereotomy. Throughout the structural evolution of Josep Miàs's work this technical essence beats with an intense and tireless sense of the search, in different directions, for materiality and lightness.

Linking up with his experience of working with Enric Miralles (1955-2000) and, especially, devoting himself to carrying out the works in the thick of the industry, Miàs has been able to evolve towards the formal, spatial and combinatory possibilities of light structures. From the surrealist metaphor of the cloud or the object of desire of the volatile balloon, he has evolved towards an architecture that is light and transparent, and at the same time possible, effective and deeply rooted. In fact, from the dancing pillars in Enric Miralles's imagination, he has moved on to the precision of tubular structure systems. That is, the very logic of technology and materials has been the safe conduit to nature and organic, growth and protein forms and, at the same time, to forms based on symmetry and repetition, rigour and precision.

The fragile and unstable architecture from Enric Miralles and Carme Pinós's beginnings are still perhaps lurking in his models made of welded iron rods; models made of rods that have evolved from the first ones, made of balsa wood. And an evolution that has moved towards the essence of architecture, tending towards the skeleton, towards synthesis.

The way in which the skins are placed between the façades and the roofs is also very "Semperian", like fabrics that adapt to the body of the building and that grow and bulge to accommodate the uses, as if they were an appendage, as he did in the skylights in the Girona railway station car park (1997-2000) and the Barceloneta market (2001-2007).

There is no doubt that two works have been key moments representing a watershed and transition in this metamorphosis. The in-depth study of how to transform and consolidate the structure of the aforementioned Barceloneta market provided him with the secrets of the stereotomic logic for these types of 19th century buildings. And the new headquarters of the company iGuzzini in Sant Cugat (2006-2011) has allowed him to make the leap towards a new repertoire of forms and a new structural network, insufflated by fluidity and continuity, as in Paul Klee's navel drawings: a flattened sphere on a large prismatic base. The cloud has landed and become a luminous object, a great lighthouse.

Other works mark this evolution: the organic and telluric reminiscences in the Fontanals Golf Club (2004), the interweaving in the Palafolls bridge (2012) and the modular combination in the Plug-in office building in the 22@ district of Barcelona (2012), going as far as to recover and reinterpret the stereotomic tradition of warehouses and roofs in the two markets planned in Esplugues de Llobregat (2020).

These architectural meshes remind us of experiments such as those by the German-born engineer Konrad Wachsmann (1901-1980), exiled in the United States, and the driving force behind lightweight tubular structures. And like those by the Chinese-born American architect Anne Tyng (1920-2011), a pioneer of habitable mesh and lightweight roofs who trained at Harvard and worked with Louis Kahn from 1945 to 1964, first when the latter was a partner of Oscar Stonorov and then as the great structural expert who was so indispensable to Kahn for years. And this connection with

Anne Tyng is demonstrated by the fact that Miàs invited her to give a lecture at the Vallés School of Architecture (ETSAV) around 2001.

In this evolution, the as yet uncompleted project of the Telecom headquarters in Andorra la Vella (2016) signifies the materialisation of the cloud, where he wants to achieve the surrealist desire and turn it into a metaphor for the digital world: the space that floats in the air, lightly touching the ground. Frederick Kiesler's (1890-1965) dream of living bubbles returns, from the Endless Theatre to the Bucephalus.

There are also exceptions in this evolution that confirm the versatility of the method, such as the project to remodel houses between party walls in the calle Hospital de Barcelona (2018), to reconvert an overcrowded and unsanitary everyday setting into a dignified and habitable place, with air and natural light. Imagination is disciplined and adapted, with rigorous study, recording and diagnosis, to the harsh, varied and picturesque reality of dwellings that seem more like they are in Hanoi than in Barcelona. The mechanism here consists of the sensible system of emptying volumes: space to further oxygenate the existing courtyards.

And complementing all the work is the extensive collection of models, which recreate, on different scales and from various perspectives, each of the projects, continually probing the key ideas of each structure and assembly. And each project creates a beautiful and lengthy collection of drawings, which follow the path of the creative and artistic impulse that was at the beginning of each of the projects.

Josep Miàs evolución estructural

Josep Maria Montaner

Tal como escribió Gottfried Semper (1803-1879) a mediados del siglo XIX, la arquitectura es espacio y este espacio se construye y delimita con la técnica, ensamblada desde la lógica de la estereotomía. En toda la evolución estructural de la obra de Josep Miàs palpita esta esencia técnica, un intenso e incansable sentido de la búsqueda, en diversas direcciones, de la materialidad y de la liviandad.

Enlazando con su experiencia trabajando con Enric Miralles (1955-2000) y, especialmente, dedicándose a llevar adelante las obras, en el fragor de la industria, Miàs ha sabido evolucionar hacia las posibilidades formales, espaciales y combinatorias de las estructuras ligeras. De la metáfora surrealista de la nube o del objeto del deseo del globo volátil, ha ido evolucionando hacia una arquitectura liviana y transparente, y, al mismo tiempo, posible, eficaz y enraizada. De hecho, de los pilares danzantes en el imaginario de Enric Miralles ha ido pasando a la precisión de los sistemas de estructuras tubulares. Es decir, la misma lógica de la tecnología y de los materiales ha sido el salvoconducto hacia la naturaleza y las formas orgánicas, crecederas y proteicas, y, a la vez, hacia las formas basadas en la simetría y la repetición, el rigor y la precisión.

Posiblemente, en sus maquetas hechas de varillas de hierro soldadas late aún la frágil e inestable arquitectura de los inicios de Enric Miralles y Carme Pinós; unas maquetas de varillas que han evolucionado desde las primeras, hechas de madera de balsa. Y una evolución que ha ido hacia la esencia de la arquitectura, tendiendo hacia el esqueleto, hacia la síntesis.

También es muy "semperiana" la manera cómo se colocan las pieles, entre las fachadas y las cubiertas, como telas que se adaptan al cuerpo del edificio y que se crecen y abultan para albergar los usos, como si fuera un apéndice, como hizo en los lucernarios del aparcamiento de la estación de ferrocarril de Girona (1997-2000) y en el mercado de la Barceloneta (2001-2007).

No cabe duda de que, en esta metamorfosis, dos obras han sido momentos clave de bisagra y transición. El estudio a fondo de cómo mutar y consolidar la estructura del citado mercado de la Barceloneta le aportó los secretos de la lógica estereotómica de este tipo de naves decimonónicas. Y la nueva sede de la empresa iGuzzini, en Sant Cugat (2006-2011), le ha permitido el salto hacia un nuevo repertorio de formas y una nueva red estructural, insuflada por la fluidez y la continuidad, como en los dibujos umbilicales de Paul Klee: una esfera achatada sobre una gran base prismática. La nube ha aterrizado y se ha convertido en un objeto luminoso, un gran faro.

Otras obras jalonan esta evolución: las reminiscencias organicistas y telúricas en el Club de Golf Fontanals (2004), los anudamientos en el puente de Palafolls (2012), y la combinatoria modular en el edificio de oficinas Plug-in en el 22@ de Barcelona (2012), hasta llegar a la recuperación y reinterpretación de la tradición estereotómica de naves y cubiertas en los dos mercados proyectados en Esplugues de Llobregat (2020).

Esta arquitectura de mallas nos remite a experimentos como los del ingeniero de origen alemán, exiliado en Estados Unidos, Konrad Wachsmann (1901-1980), impulsor de las estructuras ligeras tubulares. Y como los de la arquitecta norteamericana, nacida en China, Anne Tyng (1920-2011), pionera de las mallas habitables y de las cubiertas ligeras, que se formó en Harvard y que desde 1945 hasta 1964 trabajó con Louis Kahn, primero cuando éste estaba asociado a Oscar Stonorov y después como la gran experta en estructuras, que fue tan imprescindible para Kahn durante años. Y esta conexión con Anne Tyng queda demostrada por el hecho de que Miàs le invito a dar una conferencia en la Escuela de Arquitectura del Vallés (ETSAV), hacia el año 2001.

En esta evolución, el proyecto aún no realizado de la sede de Telecom en Andorra la Vella (2016) significa la concreción de la nube, quiere conseguir el deseo surrealista y convertirlo en metáfora del mundo digital: el espacio que flota en el aire, tocando ligeramente el suelo. Vuelve el sueño de las burbujas vitales de Frederick Kiesler (1890-1965), desde el Teatro Sin Fin hasta el Bucephalus.

También en esta evolución hay excepciones que confirman la versatilidad del método, como el proyecto de remodelación de las viviendas entre medianeras en la calle Hospital de Barcelona (2018), para reconvertir un escenario cotidiano hacinado e insalubre en un lugar digno y habitable, con aire y luz natural. La imaginación se disciplina y adapta, con el riguroso estudio, registro y diagnóstico de la dura, variada y pintoresca realidad de unas viviendas que más parecen estar en Hanoi que en Barcelona. Aquí el mecanismo consiste en un sabio sistema de vaciado de volúmenes: espacio para oxigenar más los patios existentes.

Y complementando toda la obra está la extensa colección de maquetas, que recrean, a distintas escalas y desde varias perspectivas, cado uno de los proyectos, tanteando continuamente las ideas claves de cada estructura y ensamblaje. Y cada proyecto genera una preciosa y larga colección de dibujos, que siguen la senda del impulso creativo y artístico que estaba en el inicio de cada uno de los proyectos.

[Collaging]

ONEIRIC SPACES

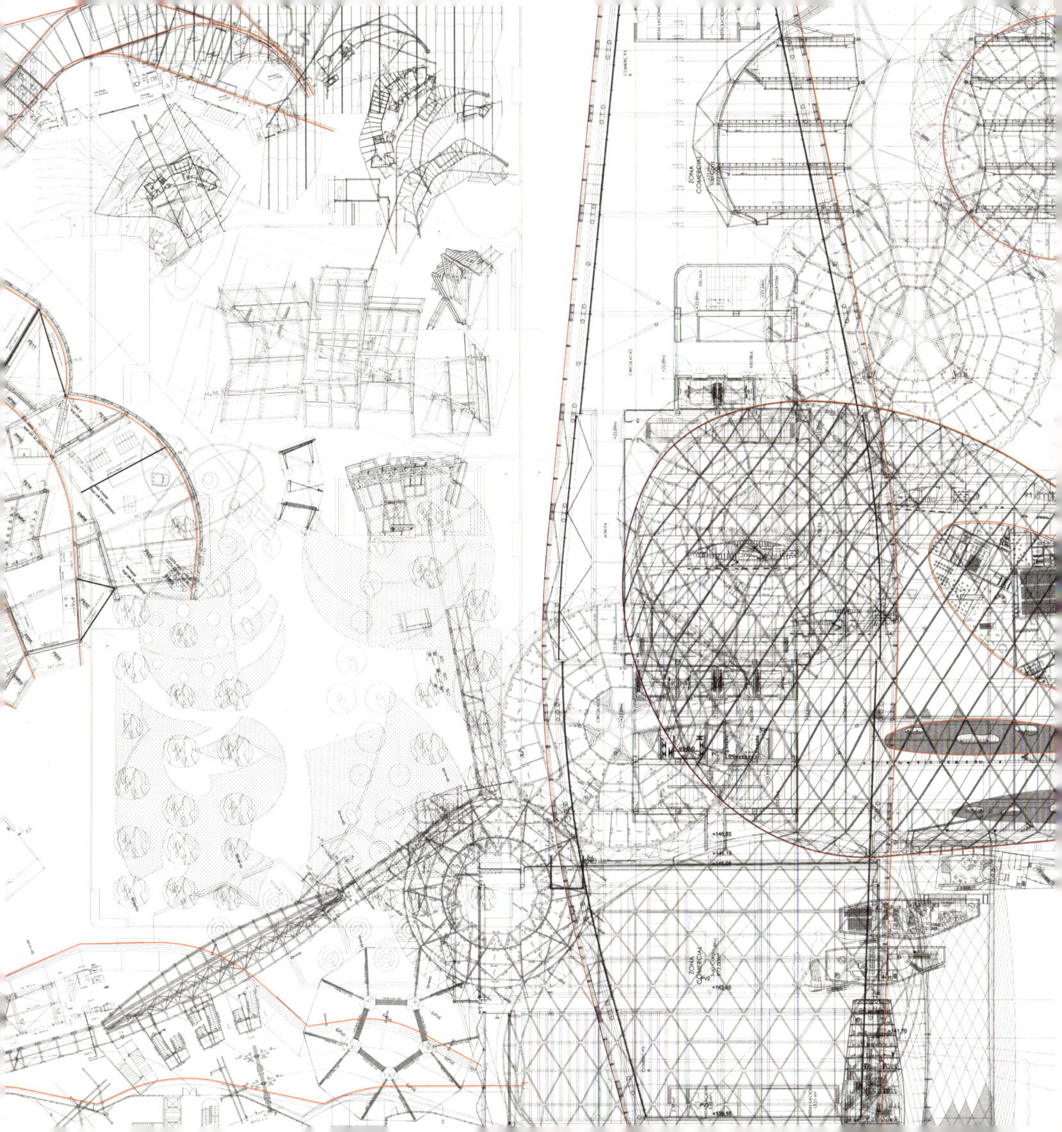

Funicular Barcelona, Barcelona 2020

Funicular Barcelona, Barcelona 2020

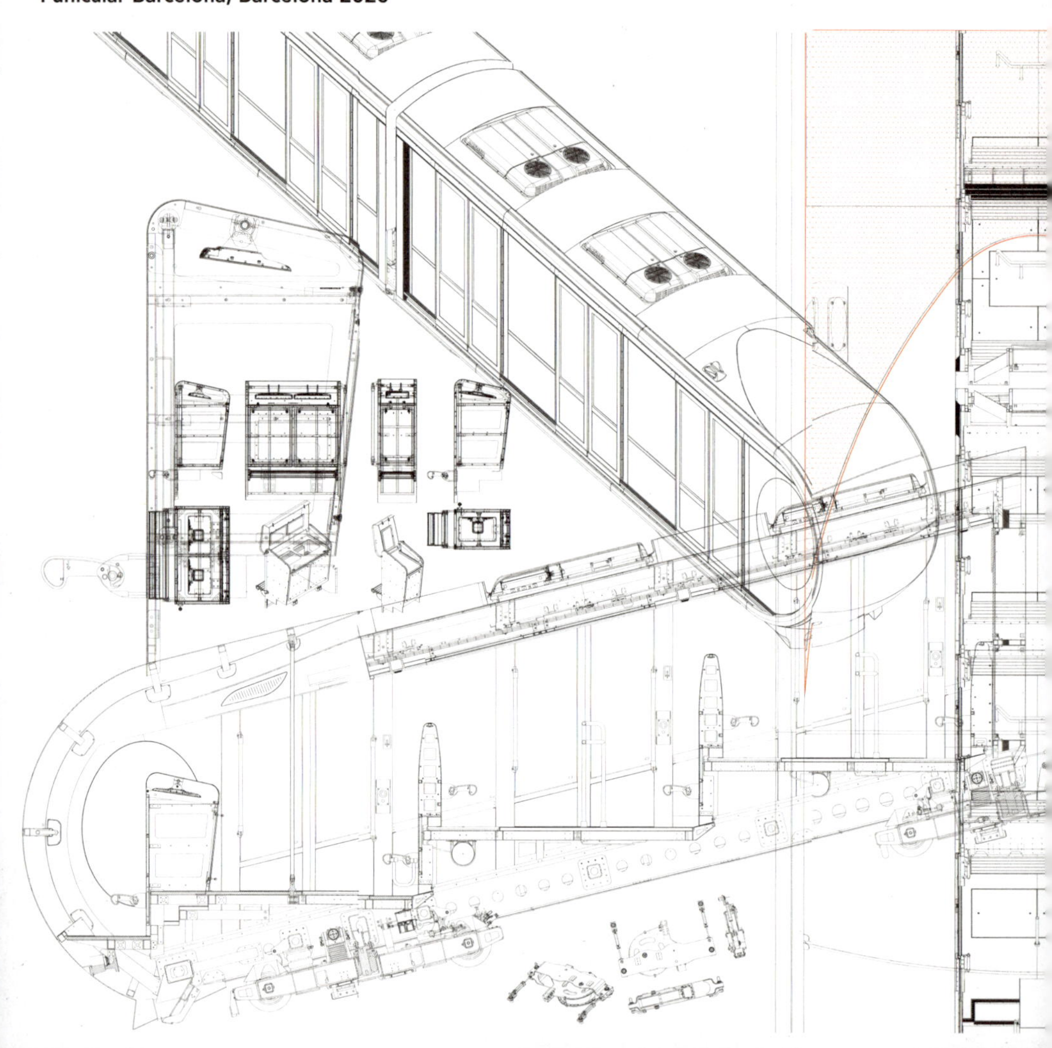

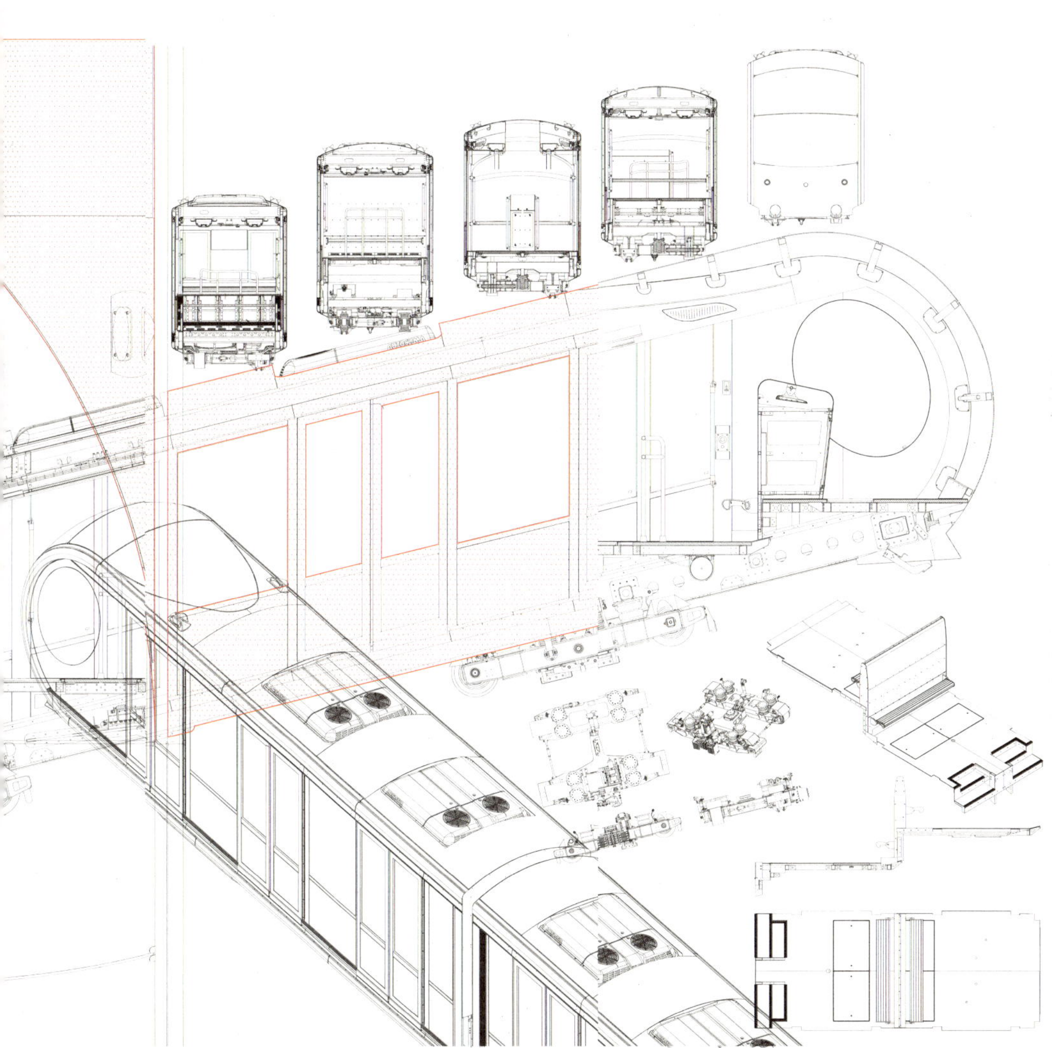

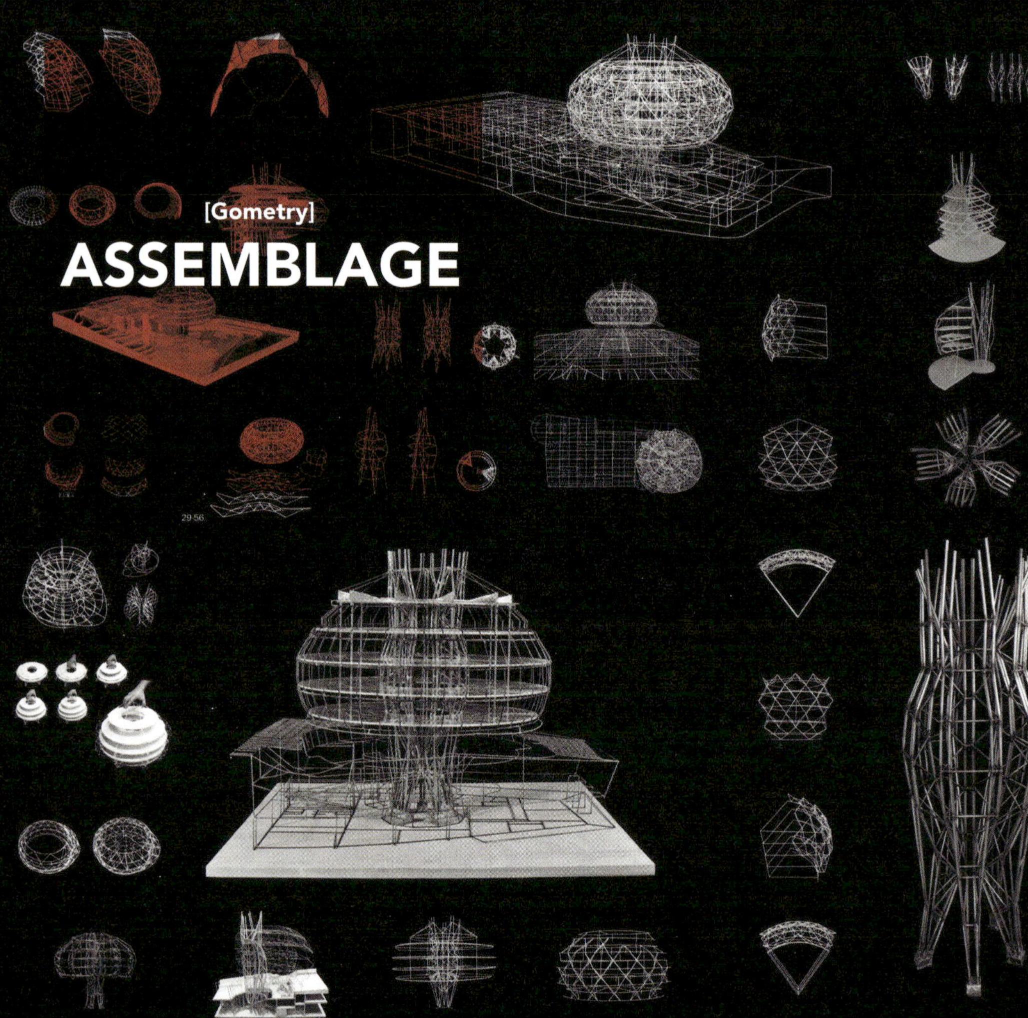
[Gometry]
ASSEMBLAGE
29 56

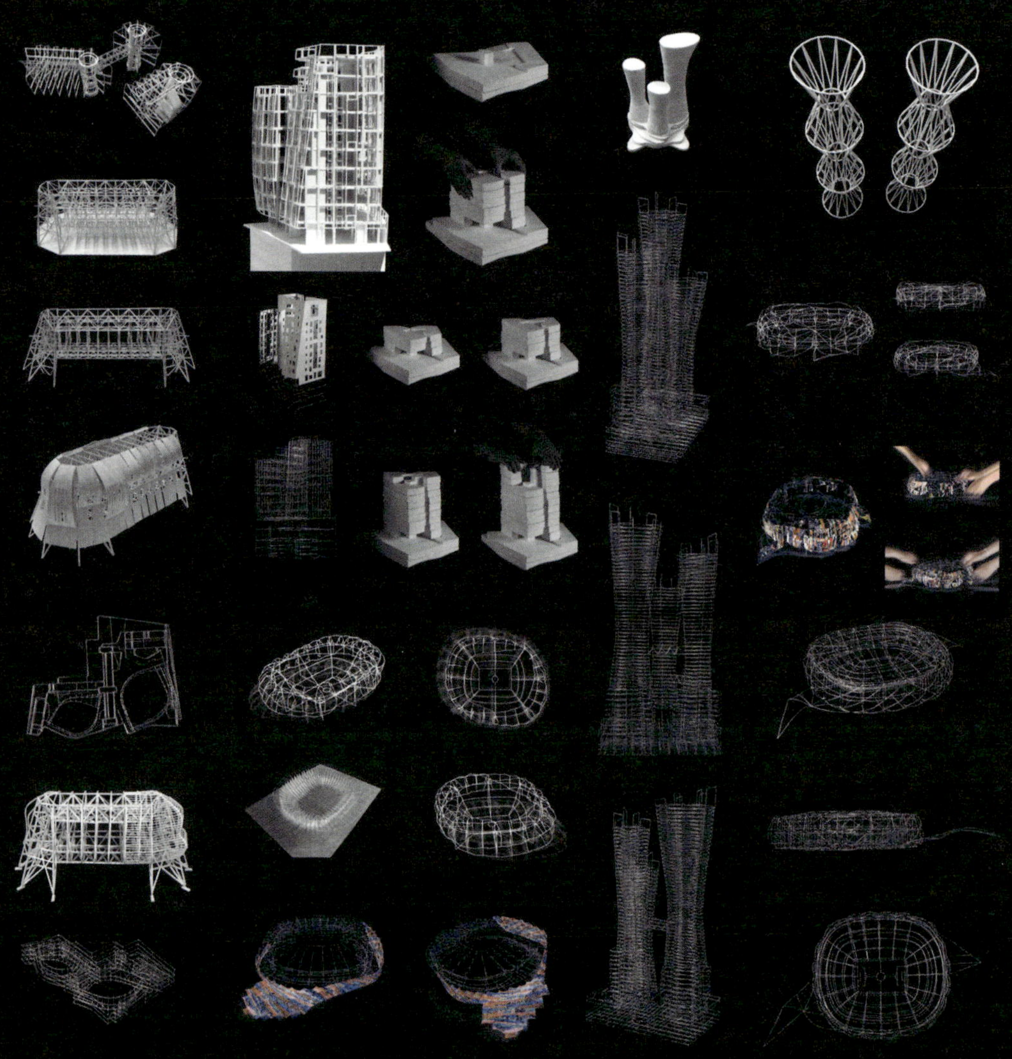

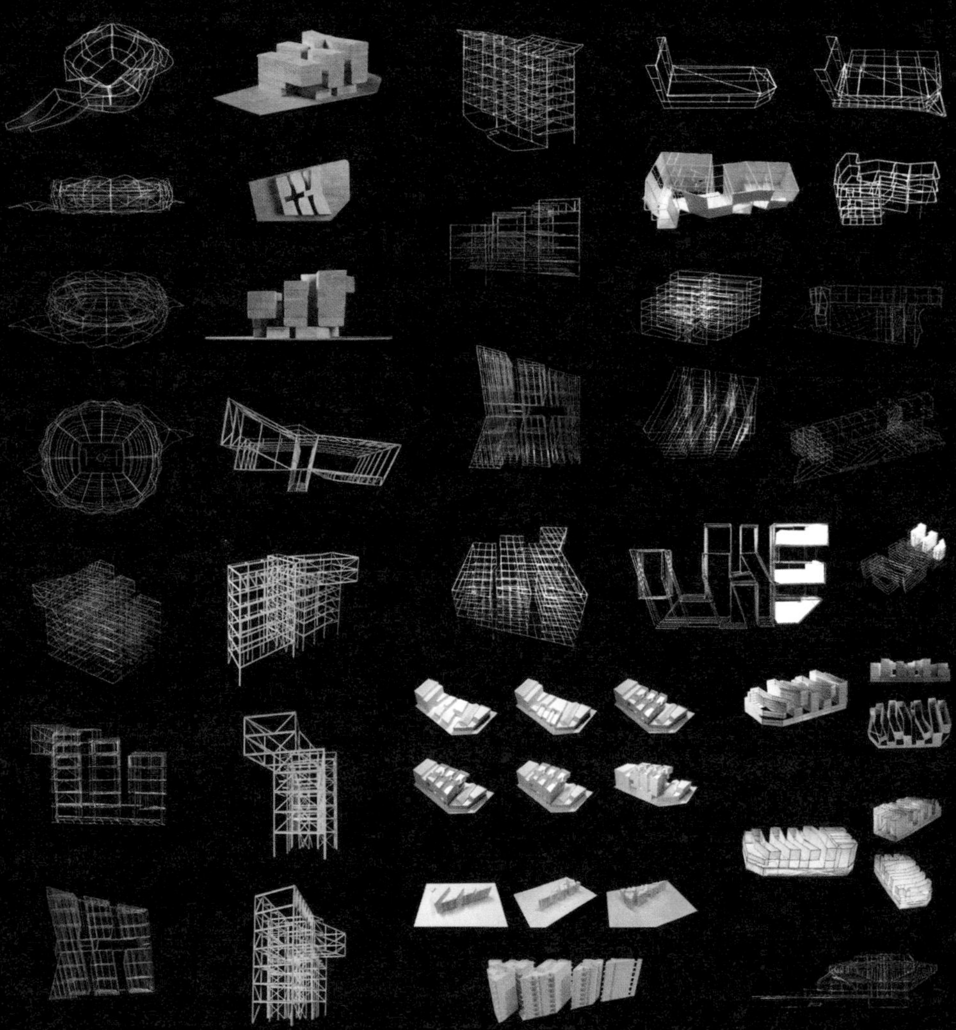

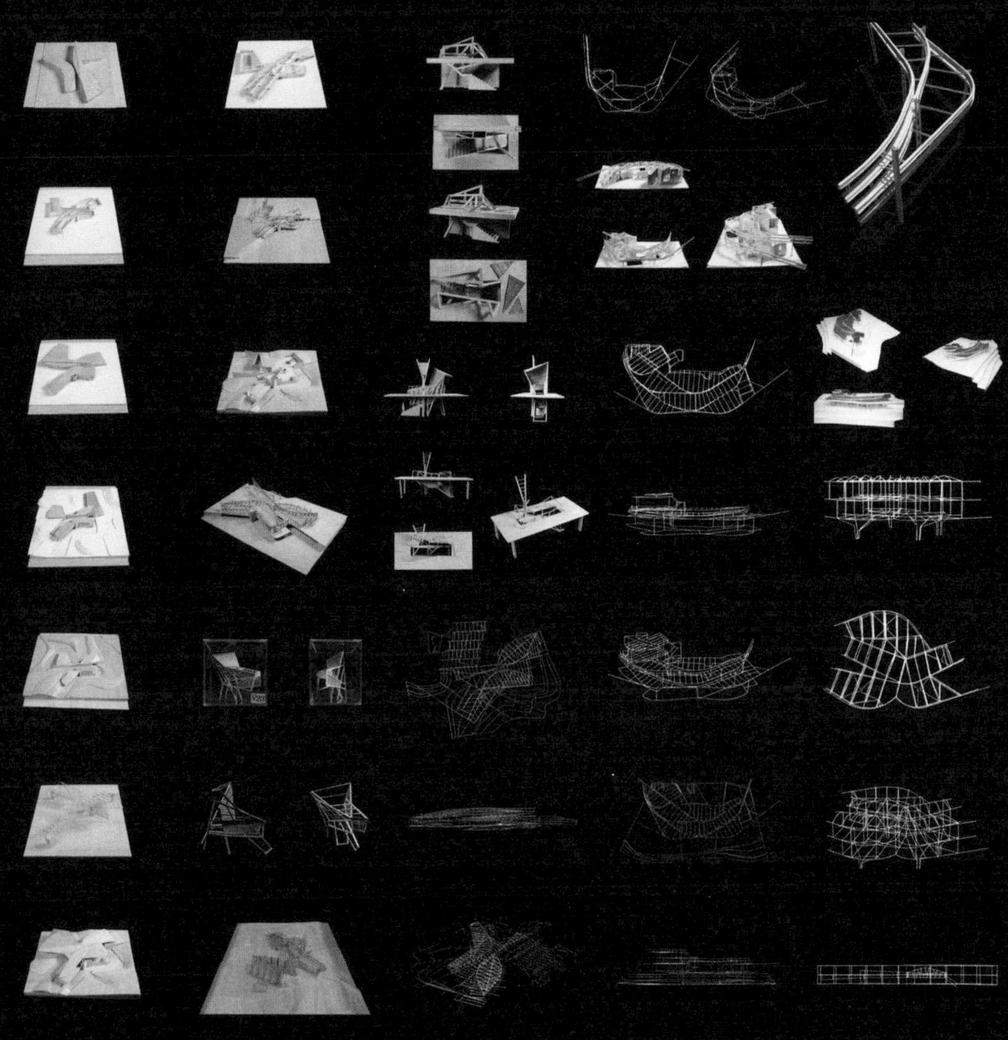

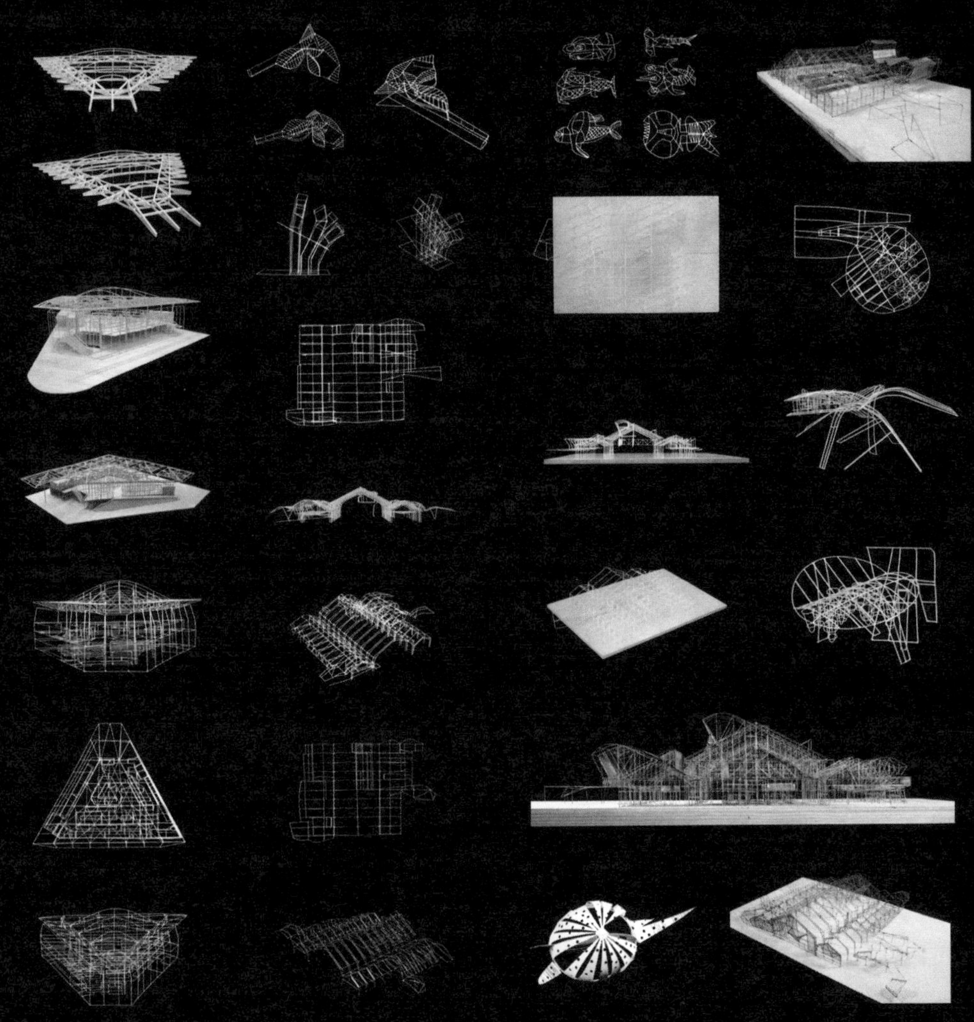

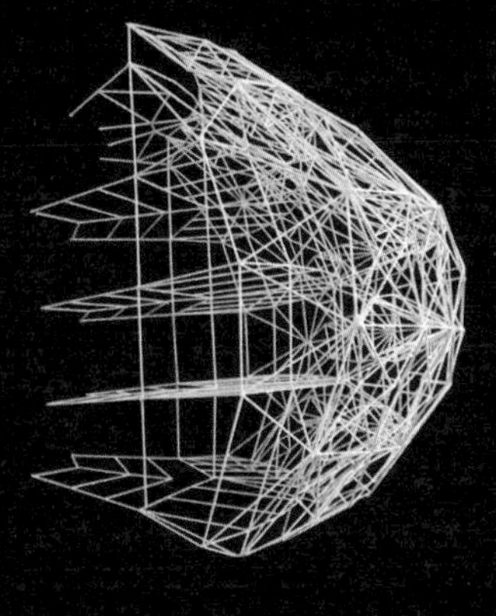
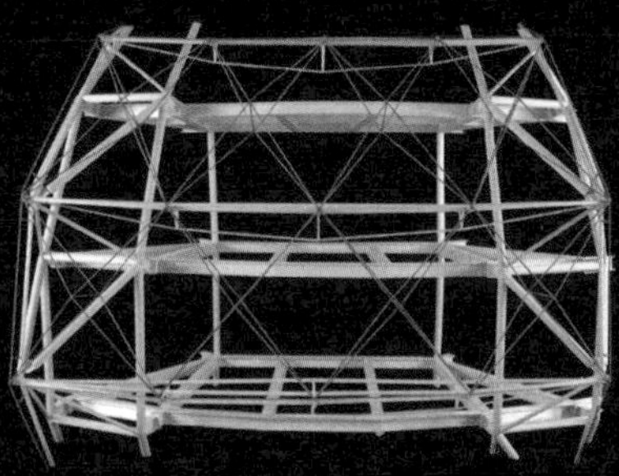
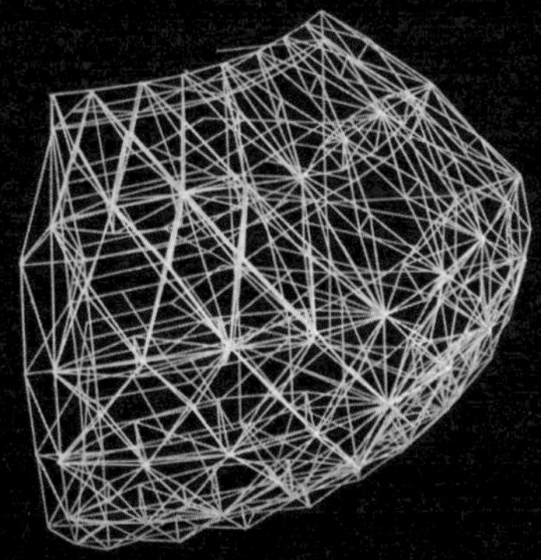

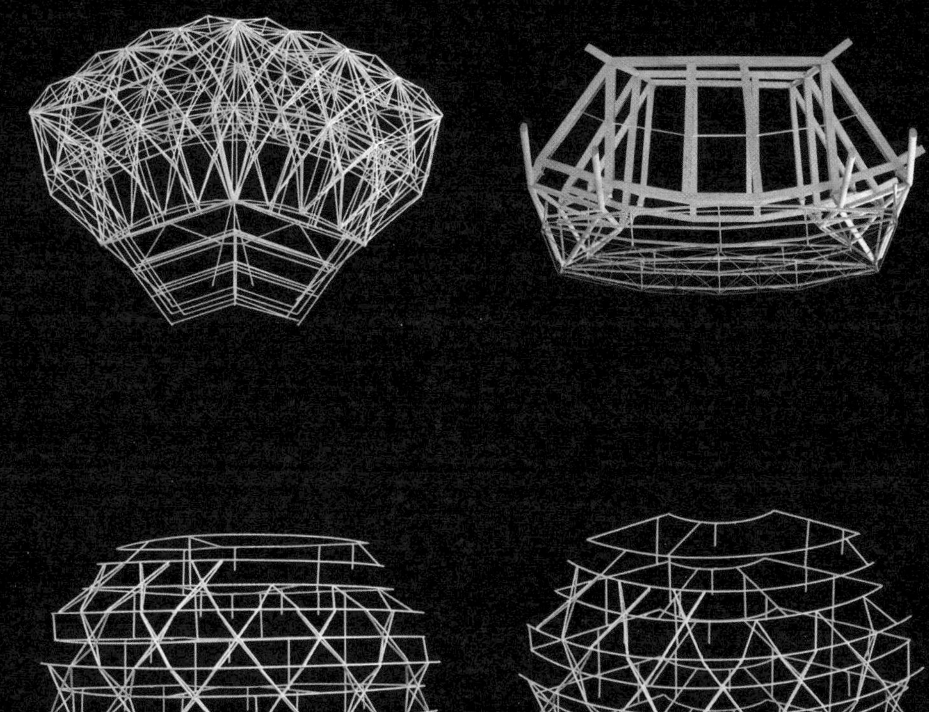

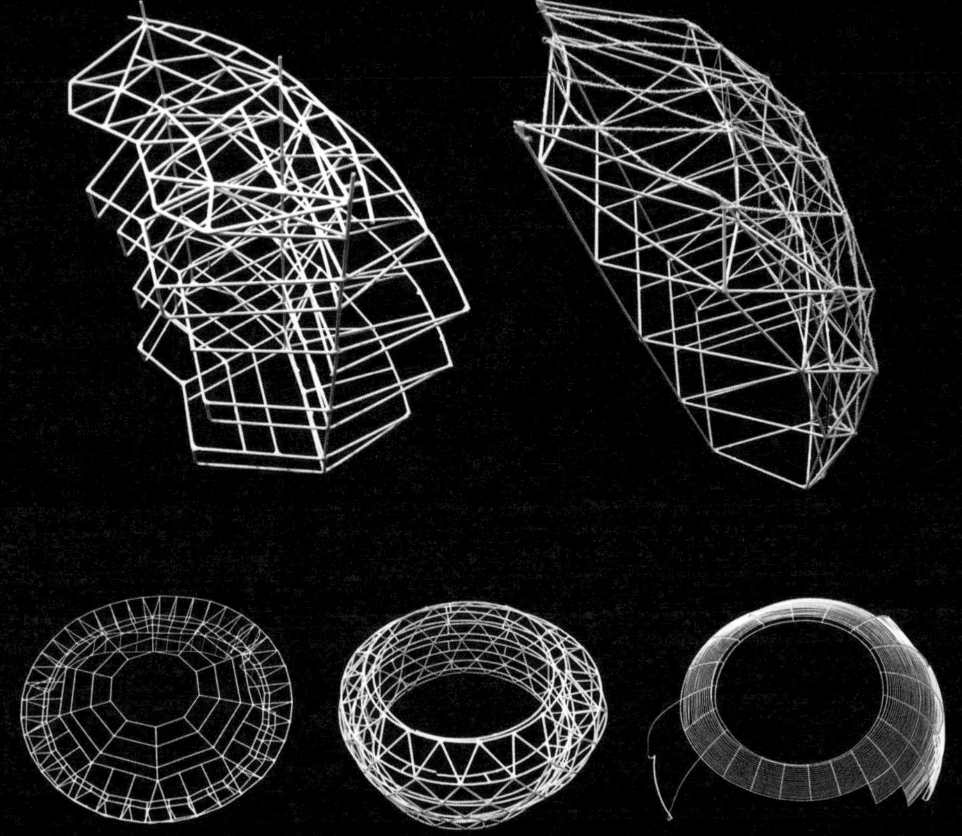

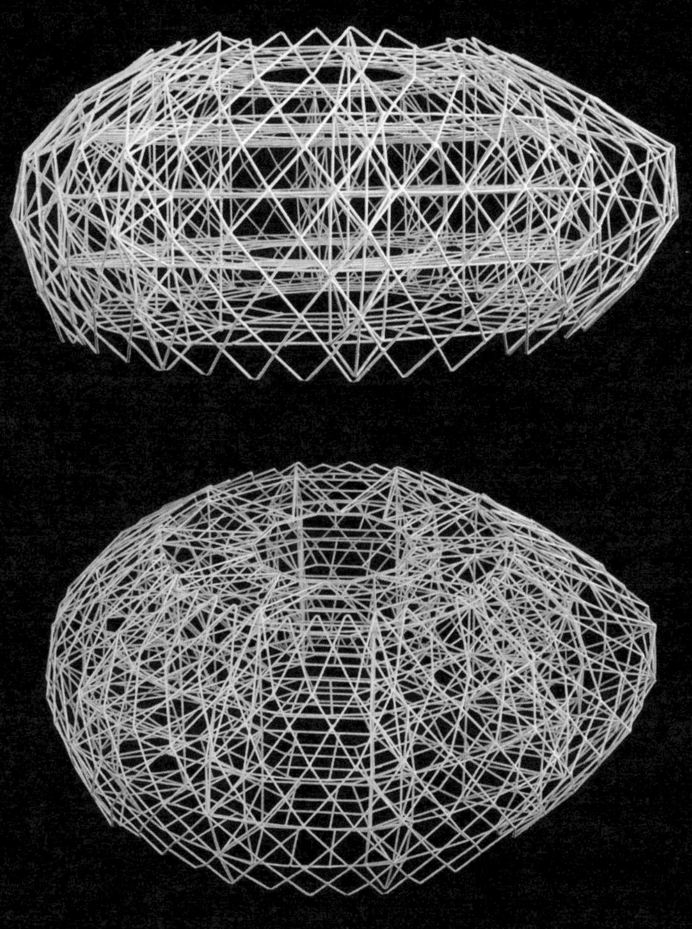

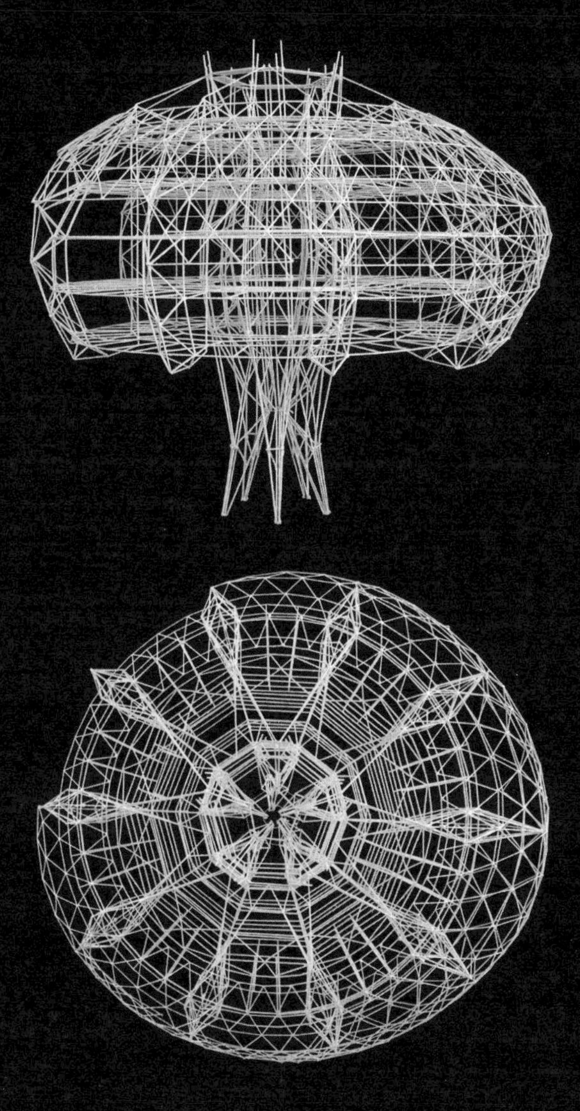

Cocobolo Centre, Panamà 2015

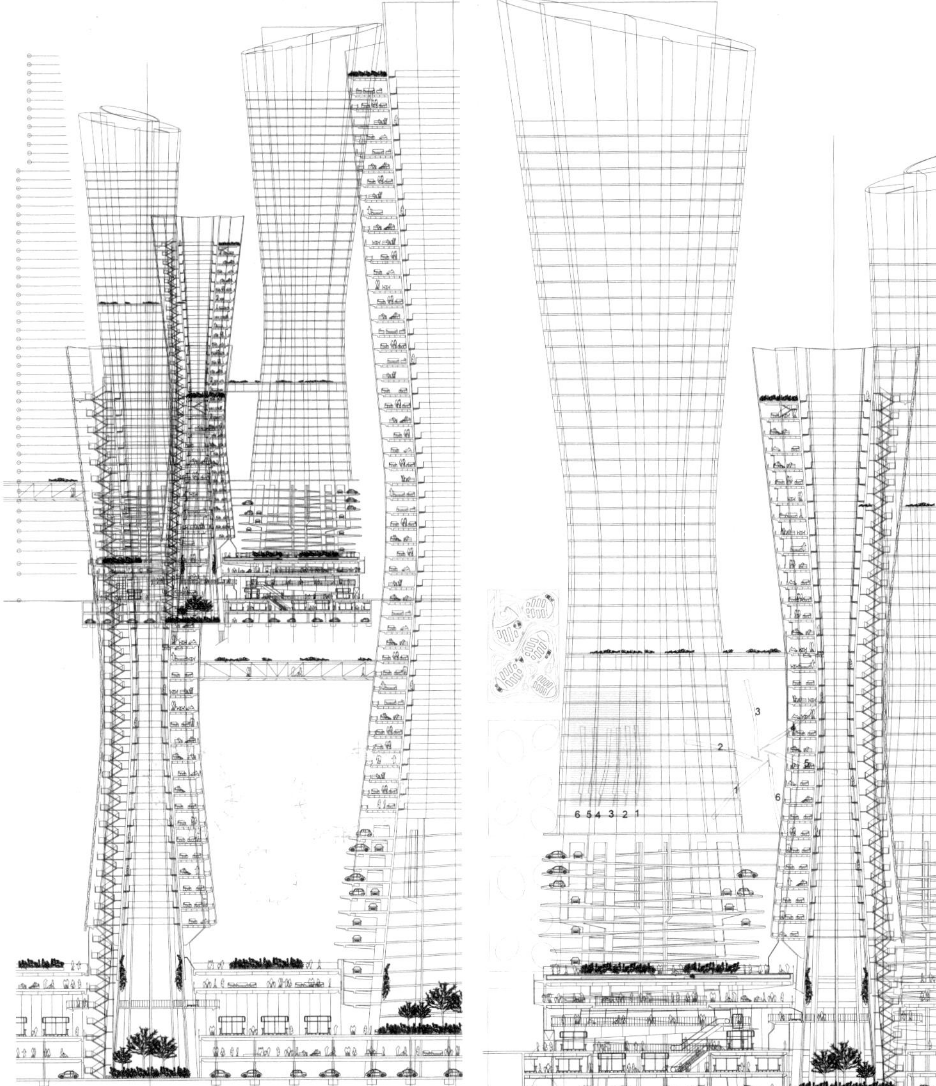

3
2
5
1
6
6 5 4 3 2 1

Seu central Andorra Telecom "The Cloud", Andorra la Vella 2018

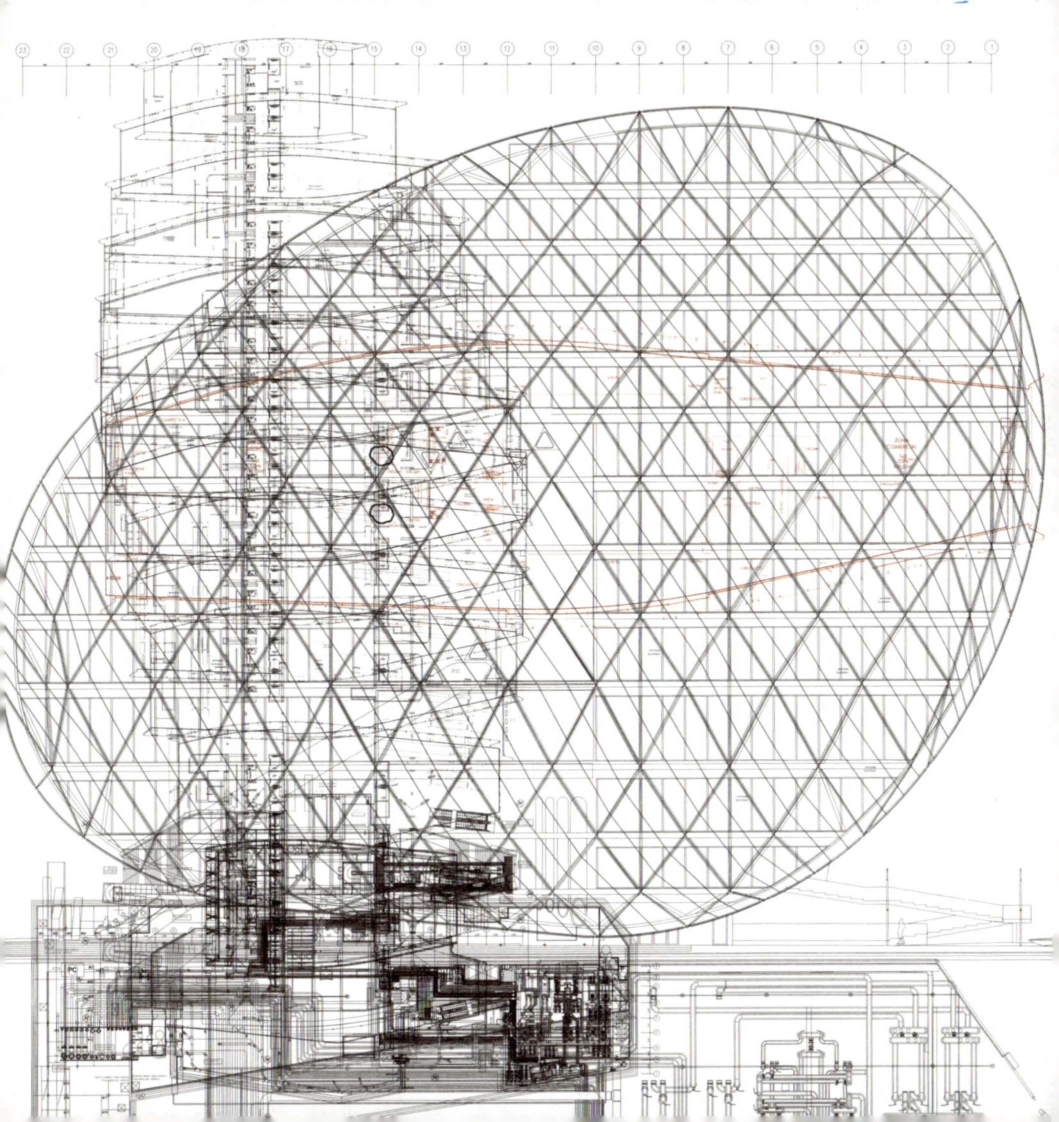
23 22 21 20 19 18 17 16 15 14 13 12 11 10 9 8 7 6 5 4 3 2 1
ZONA COMERCIAL
PC

Seu iGuzzini Illuminazione Iberica, Sant Cugat 2011

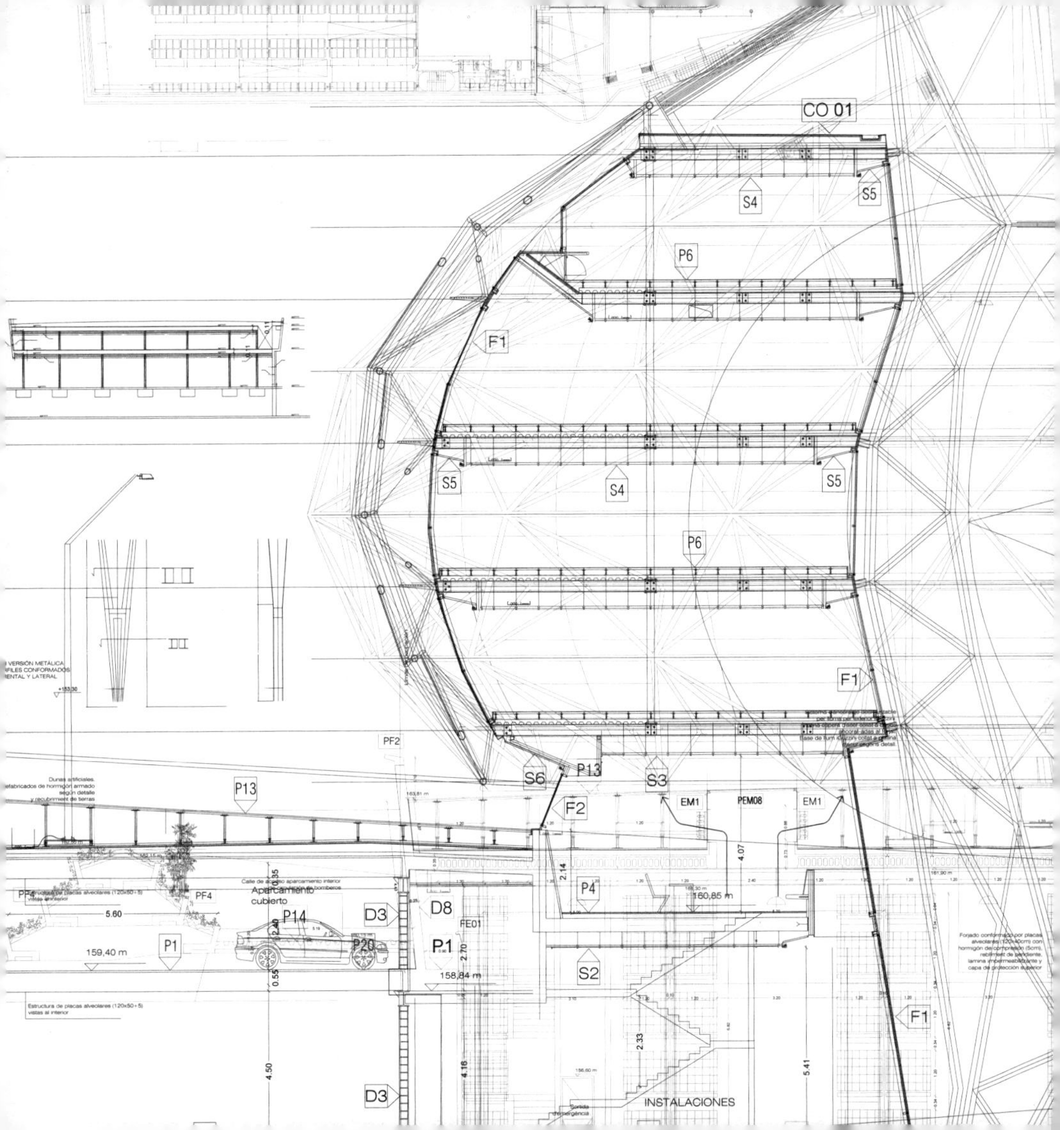

CO 01
S4
S5
P6
F1
S5
S4
S5
P6
F1
VERSIÓN METÁLICA
RFILES CONFORMADOS
RENTAL Y LATERAL
PF2
Dunas artificiales.
refabricados de hormigón armado
según detalle
y recubrimient de terres
P13
S6
P13
S3
F2
EM1
PEM08
EM1
4.07
2.14
P4
160,85 m
Calle de acceso aparcamiento interior
Aparcamiento
cubierto
PF4
PF4
5.60
D3
D8
P14
FE01
2.40
P1
159,40 m
P20
P1
2.70
158,84 m
0.55
S2
Estructura de placas alveolares (120x50+5)
vistas al interior
Forjado conformado por placas alveolares (120x40cm) con hormigón de compresión (5cm), rebliment de pendiente, lamina impermeabilizante y capa de protección superior
F1
2.33
4.50
4.16
5.41
D3
INSTALACIONES

Seu iGuzzini Illuminazione Iberica, Sant Cugat 2011

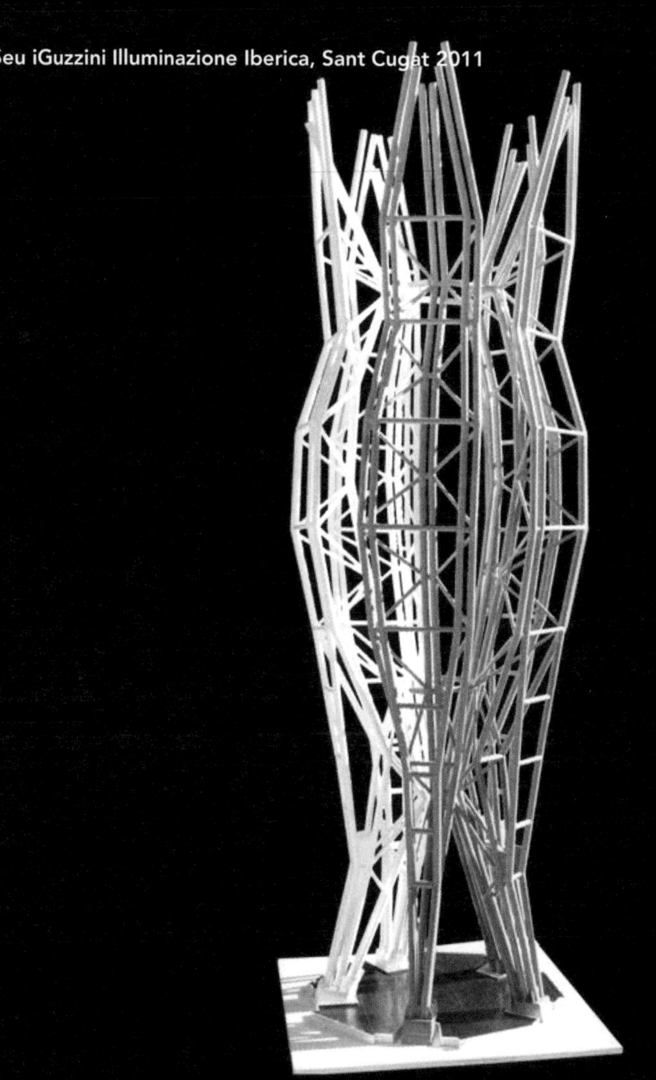

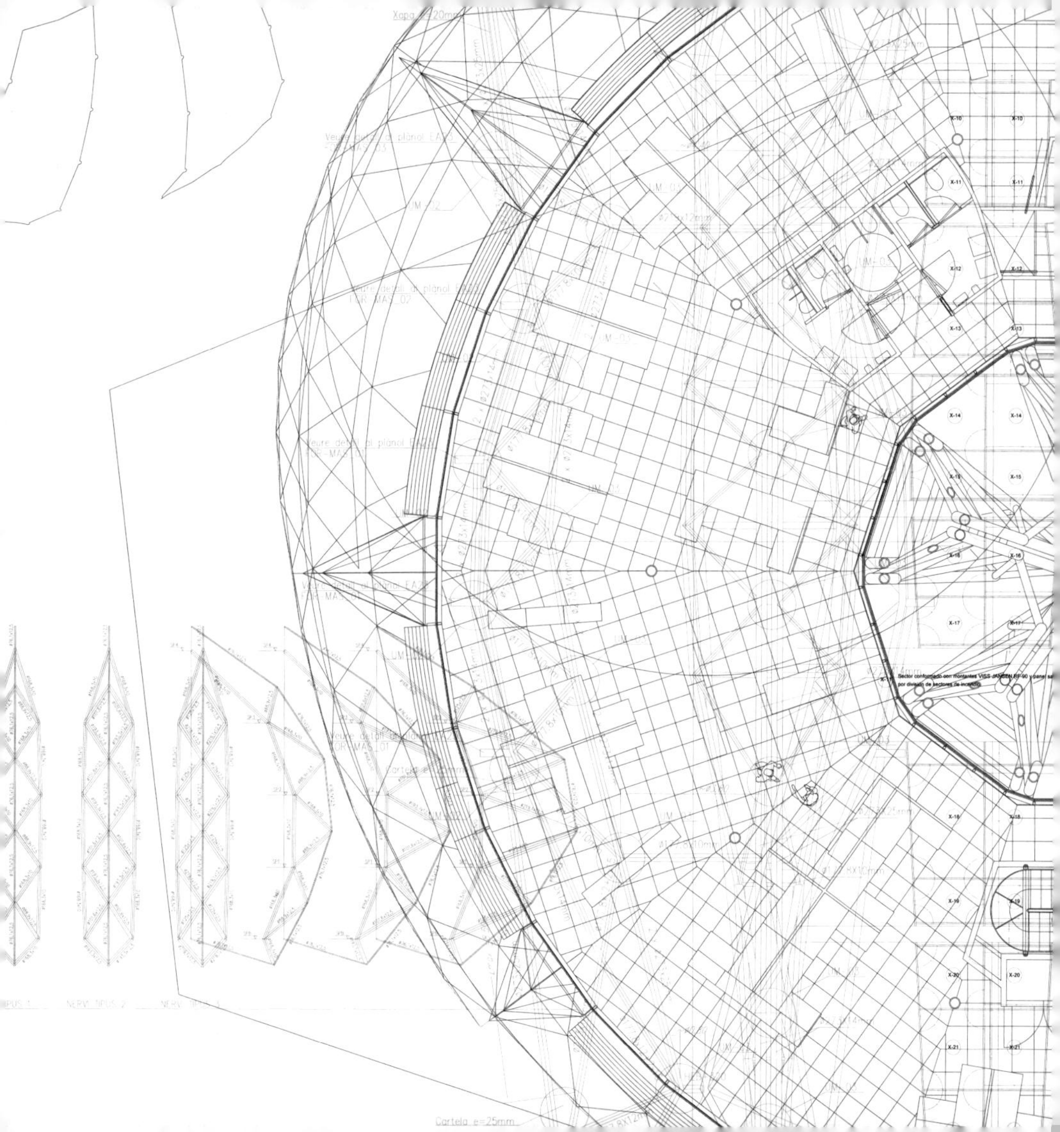

Nou Camp Nou, Barcelona 2016

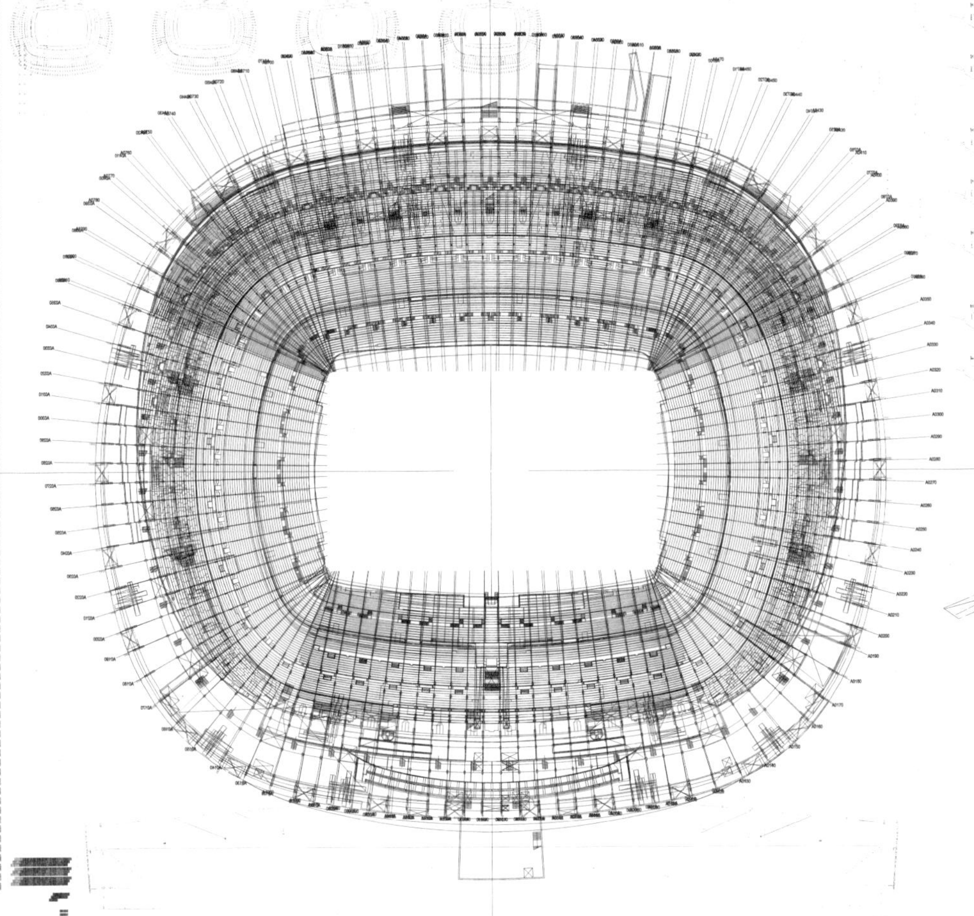

Centre de passatgers de Kinmen, Taiwan 2014

Centre de passatgers de Kinmen, Taiwan 2014

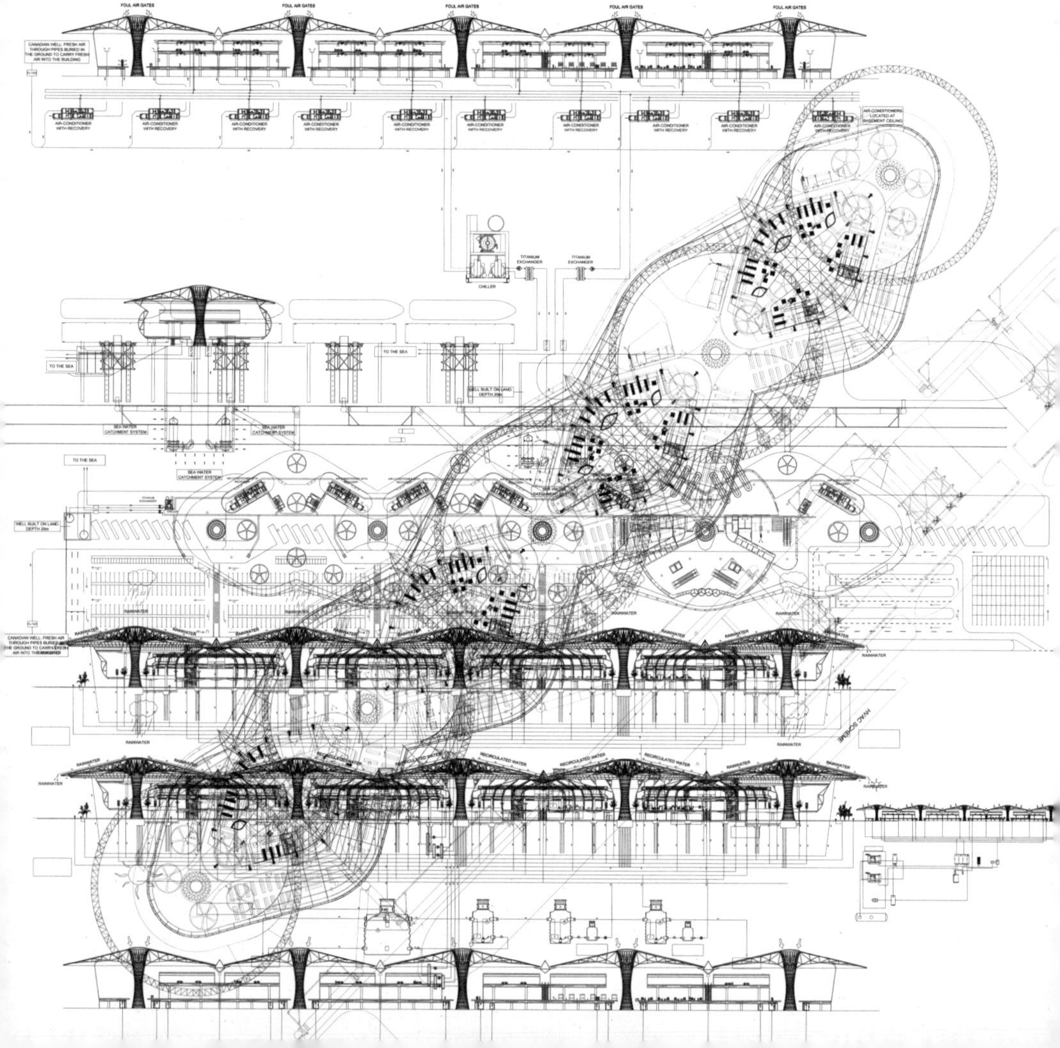

FOUL AIR GATES

CANADIAN WELL: FRESH AIR THROUGH PIPES BURIED IN THE GROUND TO CARRY FRESH AIR INTO THE BUILDING

AIR-CONDITIONER WITH RECOVERY

AIR-CONDITIONERS LOCATED AT BASEMENT CEILING

TITANIUM EXCHANGER

CHILLER

TO THE SEA

WELL BUILT ON LAND DEPTH 20m

SEA WATER CATCHMENT SYSTEM

RAINWATER

RECIRCULATED WATER

HVAC SCHEME

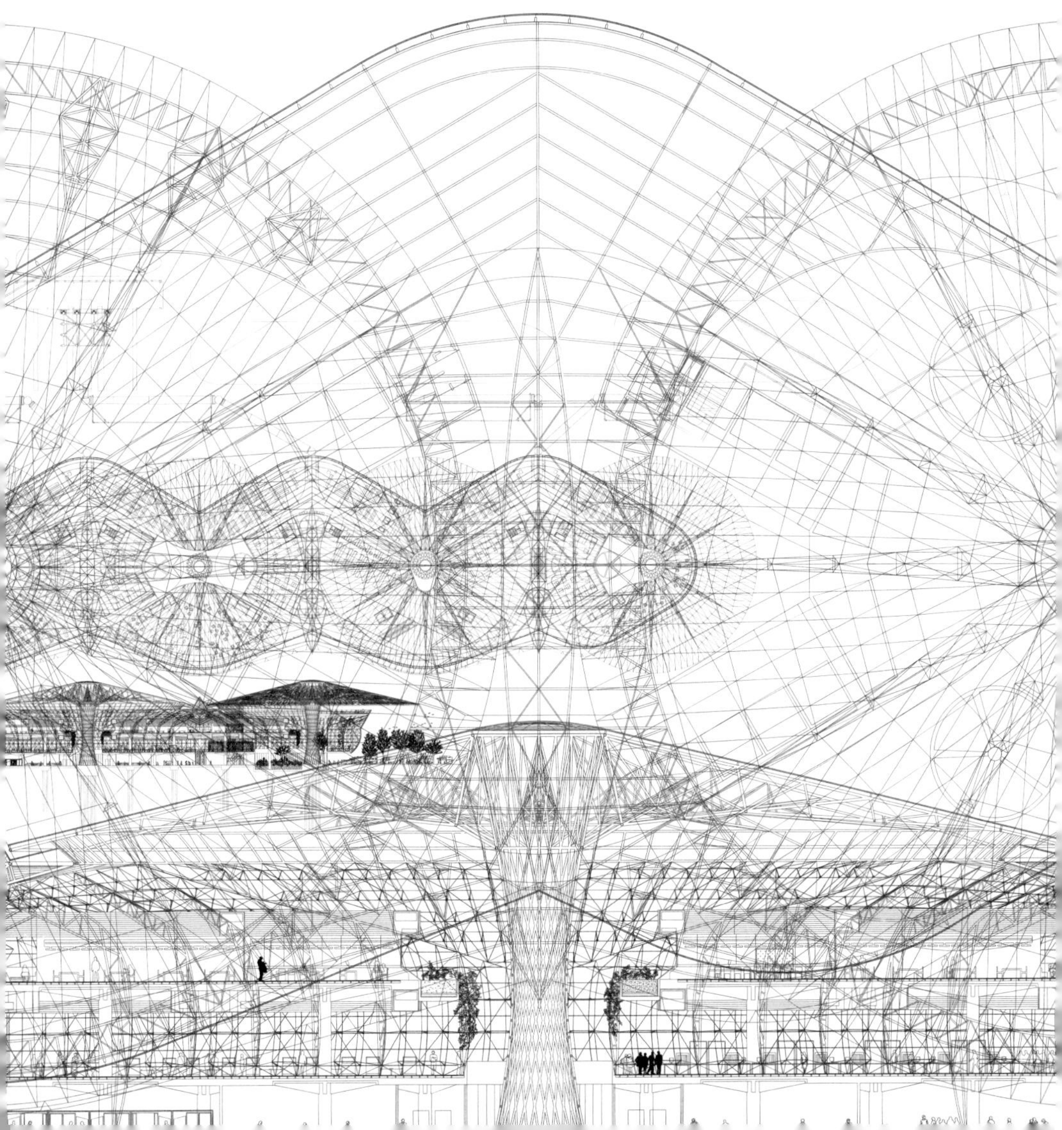

[Ruining]

X-RAYS

TRANSCOTO
902 10 10 44

108686

iGuzzini

COMARCAS CATALANAS, S. A.

SM
P
ELS FOGONS

restaurant
LLUÇANES

B:SM
P

POLLERIA
peix

CARNISSERIA
CONCHI
CARNISS
especialitat en xai, cabri

ENTREVISTA A JOSEP MIÀS PER IZASKUN CHINCHILLA

M'agradaria, si hi estàs d'acord, començar parlant de la relació entre Catalunya i el món. Històricament, Catalunya ha tingut una rica cultura arquitectònica local i, al mateix temps, nombrosos contactes internacionals. Fins a quin punt aquest és el brou de cultiu de l'arquitectura de Josep Miàs?

Evidentment, Catalunya té una gran tradició cultural i arquitectònica, amb vocació internacional en certs moments històrics, i en som hereus. Actualment, el coneixement d'allò que s'està fent arreu del món fa que es comparteixin moltes propostes. Crec que el que defineix una certa «localitat» són els sistemes constructius a l'abast, el desenvolupament industrial de la zona, així com el capital humà que treballa en aquests projectes, sobretot en aquells en què hi ha poca industrialització i la incidència de la mà d'obra o dels elements de construcció locals és important.

M'ha interessat sempre l'obra dels grans arquitectes catalans que pots recuperar en qualsevol moment per la seva proximitat, i des de punts de vista molt diferents —formals, constructius o estructurals—, però em fascina l'arquitectura dibuixada de col·lectius com Archigram, o dels arquitectes de les avantguardes russes, així com l'aposta més tecnològica de R. Rogers, Foster o Schumacher. Crec que el que t'apropa a uns o altres és un tema d'escala.

M'agradaria que ens aturéssim una mica en un parell de punts que has esmentat. Quan et refereixes a com has après de l'arquitectura catalana, sembla que assenyales més les tècniques constructives i els aspectes tecnològics que els autors, els seus detalls historiogràfics o la composició o espai; crec que aquest és un punt d'observació molt específic. Podries esmentar alguna d'aquestes tècniques que són rellevants per a tu en el context català?

El meu interès és a diferents nivells en cadascun dels treballs. Segurament la meva aproximació és singular, perquè m'interessen les coses més invisibles; el sentit irònic de l'obra, fins i tot pervers algunes vegades.

Gaudí em sembla increïble per la seva capacitat de no respondre a la pregunta; és com si no li interessés. Una porta d'ingrés en forma d'ales de drac; o millor, unes ales de drac en forma de porta. Com aquestes papallones amb les ales plegades descansant als murs de la cripta Güell; en realitat és un joc de finestres i frontisses asimètriques.

Aquesta manera d'utilitzar l'arquitectura per parlar d'altres coses em sembla fascinant. Trobar de sobte un desenvolupament formal com a resultat d'un tema estructural, recorrent als sistemes més simples: el de la volta catalana, per exemple. Aquesta bogeria, o fantasia, plena de saviesa i coneixement. Em sembla increïble aquest rigor geomètric, estructural, constructiu, i de sobte, aquesta fugida cap a alguna cosa transcendent.

Amb Jujol em passa una cosa semblant, aquest món de contradiccions, d'ambigüitats, em sembla fantàstic.

Podria seguir amb molts altres.

Però parlaré de Ricardo Bofill, un arquitecte que també em sembla fascinant. L'ús del maó als seus edificis d'habitatges plurifamiliars, construint finestres, o, més aviat, construint la llum de la finestra amb les seves gelosies. El Walden 7, per exemple, em sembla un projecte actual sobre el qual encara pots reflexionar i treure conclusions. La modulació, la prefabricació, l'espai públic al seu interior, i la seva estructura! És un edifici del qual necessites veure›n els plànols, i estudiar-los, i tornar-hi per descobrir-lo, redibuixar-lo, desmuntar-lo, desvestir-lo..., cosa que no succeeix amb altres arquitectures.

Gaudí, Jujol i Bofill han estat arquitectes dels quals molts arquitectes catalans recents han renegat, al menys durant un llarg període. Oriol Bohigas va arribar a dir que el millor que li podria passar a la Sagrada Família seria convertir-se en un baixador. Crec que ets el primer arquitecte català a qui sento fer una oda oberta i apassionada sobre Gaudí, i crec que hi té a veure que el «punt d'entrada», el «ganxo» que t'atreu en primera instància no és la figura del mestre ni de l'obra, sinó aspectes concrets de l'execució que mostren enginy: les frontisses, la construcció de la volta, elements que pots fer propis amb més independència de la lectura històrica...

Quan era estudiant a l'ETSAB, vaig començar comprant-me els *paperback* de la Gustavo Gili. I, amb les seves limitacions, vaig poder començar a estudiar i redibuixar els principals arquitectes de referència en aquell moment. El que em venia més de gust, però, era construir petites maquetes d'aquells edificis. Conservo encara més de cinquanta d'aquestes maquetes i en seguim construint d'altres al despatx. Sempre acabo, i d'una manera natural, desvestint els edificis i intentant comprendre el seu comportament estructural, o la seva proposta constructiva. Per aquest motiu m'interessen tant els edificis en construcció, meus i aliens, les ruïnes... Fins i tot la forma en què s'ha arruïnat un edifici: com s'ha desplomat sobre el sòl. Hi ha certa lògica en això.

A l'exposició hi ha un apartat titulat «X-rays». Es tracta de fotografies de diferents edificis nostres preses des del mateix punt de vista, durant la construcció i un cop acabat l›edifici. El fotògraf Adrià Goula, mitjançant un treball de rentat sobre aquestes fotos, fa visibles unes parts o unes altres. Es tracta de pensar com envelliran els nostres edificis, com s'arruïnaran, i ser capaços d'incorporar aquest moment en el propi procés de disseny.

Potser la millor manera de respondre a la teva pregunta seria dir què m'interessa de cada arquitecte d'una llista específica. Seria la manera de ser precís i didàctic.

Sembla que l'arquitectura MIAS combina dos processos de forma repetitiva, sistemàtica i minuciosa: el dibuix com a eina d'ideació i la construcció com a mitjà de comprovació. Tornant una mica a les afirmacions de la primera pregunta, quan parlàvem de Catalunya i el món, diries que el primer té una inspiració més global i la construcció ha de tenir uns referents més locals? Tenen els dibuixos menys de frontera que l'acer?

La veritat és que el lloc del projecte segueix sent el dibuix. No voldria parlar molt d'Enric Miralles, però és inevitable. El dibuix és ja una construcció en si mateix. Per a mi el dibuix és una cosa molt semblant a l'escriptura, en tant que intenta donar sentit a les coses. Intentes que el teu dibuix sigui capaç de registrar allò que succeeix en el lloc, i no em refereixo només a registres físics, sinó també temporals. Intentes que aquests dibuixos no es deixin res que pugui ser important per a la formulació de les preguntes. El que pretens, en definitiva,

és que les preguntes continguin tanta informació com sigui possible, de manera que les respostes se succeeixin amb naturalitat. Construir és una altra manera de dibuixar. A l'exposició, es mostren aquests primers dibuixos que intenten contenir el màxim d'informació, així com les primeres construccions en l'espai d'aquestes línies. Per aquest motiu, moltes de les maquetes són de filferro. La construcció a escala 1/1 és una fase més del desenvolupament natural d'aquest dibuix inicial, amb noves condicions.

Em sembla interessant i pedagògic com ho planteges. Crec que els meus projectes adquireixen la realitat que ells mateixos van definint. El que deia al començament: el dibuix ja és una construcció.

Crec que tornarem a aquesta dualitat dibuix/construcció més vegades, però, si et sembla bé, en la nostra conversa m'agradaria tornar de tant en tant a moments que han estat importants a Barcelona, que es poden contextualitzar internacionalment i que crec que tenen un reflex en la teva obra. M'agradaria que parléssim una mica del model Barcelona, aquell que va convertir la teva ciutat en el focus d'atenció internacional l'any 92. Aquest model va apostar per prioritzar l'espai públic, per la inversió en barris, l'atenció al model de desenvolupament urbà. No sé fins a quin punt aquest model ofereix un entorn de treball més o menys condicionant per a l'arquitectura. Existia, en aquell moment, una «única» arquitectura Barcelona? Com afecta Miàs aquesta heterodòxia o aquesta ortodòxia durant la seva formació?

Certament, en la meva època d'estudiant hi havia un important grup d'arquitectes i professors que representava el model BCN, bons arquitectes tots ells. Crec que amb poques excepcions, el grup va construir —de manera intencionada o sense voler— un tipus d'arquitectura homogènia i molt interessant amb preocupacions socials, culturals, amb gran sentit de ciutat, i assumint una certa responsabilitat. Aquest tipus de situació permet precisament que alguns arquitectes emergeixin com a reacció, com en el cas d'Enric Miralles, reivindicant la seva independència. Aquí és on em sento proper a l'Enric, desenvolupant moltes vegades la feina com a reacció a alguna cosa, més que formant part d'alguna cosa. Encara que, inevitablement, al final algú t'incorpora a un grup.

Parlaries en aquest sentit de dos tipus d'arquitectes: els que construeixen la bandada i els franctiradors? Són necessaris tots dos? Quin ha estat el paper de tots dos a Barcelona/Catalunya?

Em sembla divertit el vocabulari que fas servir. Jo crec que hi ha arquitectes que necessiten sentir que formen part d'alguna cosa, d'una espècie de família. Altres troben el seu sentit fora d'un qualificatiu comú. Jo crec que tenim una gran arquitectura signada per grans arquitectes però precisament aquesta és la que m'estimula a buscar altres camins, i crec que aquesta situació és molt característica de Catalunya; el denominador comú i l'excepció.

En diferents projectes de l'estudi sembla que la comprensió del lloc opera des de diferents paràmetres. Projectes com el Camp Nou o Andorra Telecom semblen reprendre el concepte de «terrain vague» de Solà-Morales que tan important va ser en el model Barcelona: el millor espai públic és l'indefinit, que admet la flexibilitat. Aquests projectes semblen vincular-se fins i tot amb els no-llocs de Marc Augé. A la Rehabilitació del casc antic de Banyoles, el lloc sembla el gran constructor d'identitat, gairebé seguint ortodoxament les directrius de Nobert Schultz. A la casa Topogràfica o al club de golf Fontanals, el lloc es torna una font de recursos formals, geomètrics i espacials que l'arquitectura posa en valor. Com tries com serà el vincle entre lloc i projecte? Quins són els aspectes positius i negatius de cada aproximació?

Cada lloc té les seves pròpies condicions. És difícil donar una resposta clara. El que sí puc fer és explicar cada projecte, i les primeres preguntes.

A Andorra, volíem construir un edifici que alliberés el màxim d'espai públic en un lloc ja molt dens per si mateix. Per això es va idear que el projecte s'aixequés del terra oferint al ciutadà tot l'espai que el mateix edifici ocupa en alçada. Era un edifici que incorporava al seu interior l'edifici existent, utilitzant la coberta prèvia com a pla habitable d'un espai interior de hall **de cinc altures, de manera que aquest nivell de sòl del** hall **coincidia amb el nivell de les cobertes dels edificis veïns. La dimensió transversal, inferior a 15 metres, permetia no només l'entrada de llum natural a tots els espais, sinó també la visió a través**

de l'edifici mateix. Però potser el més rellevant del projecte és que va ser concebut com una màquina, amb un anell perimetral d'1,50 metres de gruix on se situaven totes les instal·lacions. La façana de vidre d'1,20 metres de gruix actuava com a coixí tèrmic que evitava haver de climatitzar els interiors. Aquest gruix de la façana permetia que fos estructural i, per tant, l›interior estava alliberat d›estructura, deixant els espais lliures i sense pilars. La nova silueta urbana de la ciutat, que està situada en una vall profunda, s›assemblaria més als perfils de les muntanyes i no tant a un edifici vertical.

Els projectes són oportunitats per desenvolupar temes que t'interessen. En aquest cas, com un edifici pot ser eficient de manera similar a una màquina. D'aquí que la forma fos el resultat de diverses consideracions.

Al nucli antic de Banyoles, l'enunciat del concurs era tornar al vianant la ciutat antiga. Crèiem que havíem de recuperar els canals excavats al terra de travertí que antigament servien per fer funcionar les indústries i per regar els horts que hi havia a la part posterior de les cases. Recuperar els canals era la manera de fer present el llac a la ciutat, no només visualment sinó també amb la seva música. Però el resultat formal d'aquests talls al paviment de pedra —travertí de Banyoles— és el resultat d'una anàlisi tècnica del cabal, la secció i la velocitat de l'aigua. Les seccions i geometries del canal es construeixen per absorbir una possible pujada del nivell de l'aigua de l'estany, de manera que la part d'aigua sobrant es mogui lliurement per sobre del paviment. Així mateix, la ziga-zaga dels canals respon al manteniment del cabal que, en veure reduïda la seva secció, augmenta de velocitat, amb la qual cosa es pot produir un efecte tap o remolí que no permeti que l'aigua flueixi.

És com si l›aigua fos qui dibuixés el projecte. Una cosa que et permet evitar certa responsabilitat en el resultat final. Amb això vull dir que aparentment el projecte és un exercici formal, però en realitat és un exercici molt tècnic o, al menys, el resultat de la interacció entre tots dos.

A la casa Topogràfica —situada a un lloc privilegiat amb vistes a 180 graus—, redibuixar el lloc amb rigor ens va permetre descobrir una topografia en cascada. Una cascada que la mateixa mà traslllada a la secció de la casa.

Crec que les fotografies del projecte acabat no expliquen bé aquesta decisió, ni el lloc. En canvi, el dibuix en planta permet entendre com s'estén l'habitatge horitzontalment, perdent-se en els seus extrems en la mateixa topografia. La part posterior, en canvi, és una espècie d'excavació al mateix turó, un mur pràcticament cec.

El club de golf Fontanals també parteix del coneixement del lloc a través del seu redibuixat. En realitat, tota la topografia és artificial en un camp de golf, però l'edifici neix d'aquesta mateixa topografia. Evidentment, intenta camuflar-se, gairebé enganxar-se a terra, aixecar-se només l'imprescindible per deixar aquesta finestra o espai allargat entre el terra i la coberta en tot el seu perímetre. L'enorme programa requeria la seva fragmentació per reduir l'impacte en el lloc. De fet, el projecte sembla un animal arrossegant-se sobre el paisatge, de puntetes.

Tots els projectes neixen de la rigorosa anàlisi del lloc, amb les eines amb què comptem, i que, repeteixo, són bàsicament el dibuix. Però desenvolupen els aspectes que ens preocupen o interessen. És clar que entre ells sempre es parlen, i es donen un cop de mà, si cal.

El nou estadi Camp Nou té dues parts molt diferenciades. D'una banda, la voluntat de completar un estadi asimètric amb una estructura diferenciada de l'existent, construint un sostre i una façana. Els *collages* que vam fer de l'estadi amb retalls d'altres edificis, llocs i gent de la ciutat ens havien de permetre identificar el caràcter d'aquesta nova façana, els seus colors. Conscients en tot moment que la façana realment interessant és la que es produeix a l'interior en veure les graderies plenes. Vam prendre la decisió de portar la postal interior a l'exterior. Aquest és el motiu de l'ús de peces ceràmiques a escala humana de colors, que incorporaven tecnologia LED, sensors interactius per al públic des de l'exterior, etc. L'altra part de la proposta tracta de l'ús de l'espai públic al voltant de l'estadi, així com de la seva relació amb la ciutat immediata, el que s'ha anomenat l'Espai Barça.

En el primer cas, era una oportunitat de recerca estructural i tecnològica usant elements tradicionals com la ceràmica però actualitzant-ne l'ús. En canvi, l'espai exterior al voltant de l'estadi permetia una discussió interessant sobre el seu ús en relació amb les noves activitats, però sobretot una reflexió

sobre els fluxos puntuals intensius i els més quotidians de la gent, de manera que qualsevol resposta convencional resultava insuficient. El principal problema radicava en el propi *masterplan* de partida, que no permetia una discussió més enllà dels seus límits i que resultava clarament insuficient.

Sembla, pel que dius, que l'arquitectura MIAS no parteix de categories conceptuals prèvies; no es predefineix quin paper ha de jugar el lloc sinó que la resposta sorgeix de la interacció entre instal·lacions, estructura, programa i condicions urbanístiques. Tornem, si et sembla, a un altre moment important a Barcelona, per poder aprofundir més en el teu treball des d'un context més ampli. Ens estem apropant i allunyant amb una ullera de llarga vista. M'agradaria que parléssim de Metàpolis. Entorn de l'any 2000, una part de Barcelona torna a reinventar-se posant especial èmfasi en els processos i les eines. En el cas de Metàpolis, els processos i les eines podrien resultar una mica retòrics: diccionaris, diagrames, classificacions. Posa Miàs el mateix èmfasi en el procés però centrant l'atenció en els aspectes materials: l'estructura, el detall constructiu, el dibuix, la maqueta, el pressupost...?

Crec que Manuel Gausa va fer un intent d'ordenar el panorama en aquell moment, de relacionar, d'establir connexions, algunes potser inexistents, però d'un gran valor. Tant era si el mapa que proposava era el reflex real d'una situació, l'important va ser l'anàlisi del que estava succeint en aquells moments al panorama català. Sincerament, crec que ningú ha fet des de llavors res tan interessant.
Sempre m'han interessat els processos perquè em permeten entendre el meu propi treball. Sempre estableixo les connexions amb altres arquitectures mitjançant l'anàlisi de processos interns que m'interessen per a la meva feina.

Als interiors de l'arquitectura MIAS, podria parlar-se d'un «terrain vague» interior? Em refereixo de nou a aquesta visió de l'espai públic de Solà-Morales, on la indefinició era sinònim de flexibilitat, però en aquest cas tracto de rastrejar la seva influència en els teus interiors. No són tractats molts dels teus interiors com a espais públics? A les oficines Plug-in del 22@, les sales VIP del Palau Sant Jordi o fins i tot a la casa Promenade, ¿no hi ha una indefinició voluntària d'usos, acabats i textures que busca gairebé replicar aquesta condició pública de la plaça dins dels edificis?

Tota arquitectura incorpora espai públic al seu interior, de manera que aquesta indefinició que comentes en realitat permet una apropiació personal necessària.

M'interessa molt l'ambigüitat entre els espais públics i privats, la seva ocupació i apropiació, fins i tot quan és conflictiva. Per aquest motiu, alguns espais en els nostres projectes dubten de la seva condició publicoprivada, però no en el sentit de propietat sinó d'ús de l'espai.

Fins i tot el vocabulari que fem servir per parlar dels espais a l'interior dels nostres edificis és propi de l'espai públic exterior: carrer, plaça, passatge, etc. El mateix succeeix a l'inrevés; en l'ocupació que es fa de l'espai públic usant els termes propis d'un espai interior: sala d'estar, passadís, etc. Es tracta de dotar els edificis de certes condicions urbanes.

A les oficines Plug-in del 22@, els espais interiors són espais diàfans oberts a la ciutat; en realitat són espais exteriors. El mateix succeeix a la seu d'iGuzzini Illuminazione Ibérica, on l'espai interior, lliure d'estructura vertical, s'ofereix a diferents possibilitats d'ús. Crec que l'arquitectura necessita del compromís de l'habitant i que ha de ser aquest qui l'interpreti. I dic això quan precisament el projecte defineix rigorosament qualsevol element.

Les sales VIP del Palau Sant Jordi són unes càpsules d'uns 150 m^2 que podrien haver-se col·locat en qualsevol edifici o espai, fins i tot exterior. Són diferents unitats d'estructura metàl·lica revestida amb alguns serveis específics en cadascuna d'elles: bar o estudi de gravació. Aquest projecte va resultar important per la recerca sobre les capacitats del material de revestiment interior, que requeria un comportament acústic específic.

A la casa Promenade hi ha tres cases en una, de manera que hi ha una sèrie d'espais interiors compartits —saló, cuina, biblioteca— tractats com a espais públics, en realitat.

M'agradaria que parléssim una mica de l'organització de recursos en els teus projectes. Jo de vegades parlo d'una forma d'organitzar el pressupost en un projecte, utilitzada per molts arquitectes al context espanyol, que consisteix a emprar una arquitectura estàndard en molts elements i concentrar la despesa pressupostària en un parell d'elements singulars. L'arquitectura MIAS sembla distribuir els recursos de manera equitativa en termes d'inversió econòmica i d'innovació. Hi ha atenció a la llum natural i artificial, a la façana, l'estructura, les instal·lacions... Com d'important és en el procés aquesta recerca integral de la innovació i la qualitat?

És veritat que hi ha exemples de molts arquitectes en què s'intueix que una part del projecte ha rebut tota la responsabilitat econòmica. De sobte, hi ha una part pobra i una altra més noble, la qual cosa t'obliga a considerar el projecte d'una manera molt particular. En el meu cas, no m'interessa aquesta diferenciació. A més, la innovació l'assumim com una millora, no només tècnica i de la qualitat, sinó també econòmica.

En el nostre cas, innovar gairebé sempre ha anat lligat a un problema econòmic, o de reducció de costos. Per posar un exemple vigent, portem temps treballant amb el GRC per les seves condicions de modulació geomètrica, fabricació i control de qualitat en planta, muntatge en sec, fàcil substitució, etc. Tots aquests termes repercuteixen en la qualitat i la reducció del cost final del producte.

Vam començar fa uns anys amb l'edifici d'habitatges socials a Torrebaró, on vam desenvolupar un panell de GRC amb doble curvatura compatible amb un sistema especial de tancament de vidre. Actualment estem fent unes façanes GRC per a dos mercats a les quals hem incorporat el sistema de *phototransfer* en massa acolorida de manera no uniforme, així com en un edifici residencial amb una greca com a textura d'acabat.

Hem plantejat cada projecte nou com un repte perquè el mateix material i sistema constructiu donés un nou pas endavant, millorant les prestacions de l'anterior. I tot això amb l'objectiu d'industrialitzar al màxim i, per tant, reduir costos. M'interessa molt l'aplicació de sistemes d'un element constructiu a un altre, de manera que es produeixin moments de tensió, dubte i resposta al mateix temps.

A la Plaça de Benvinguda del Parc d'Atraccions del Tibidabo, no ens vam limitar a fer un mur vertical verd amb els sistemes convencionals, sinó que vam incorporar unes formes que

canvien les condicions d'exposició al sol de les plantes, a part d'incorporar els hotels d'insectes per assegurar la conservació dels insectes de la zona.

Sentim la necessitat de replantejar l'ús convencional que se li ha donat a un producte o sistema constructiu, i el repensem per descobrir noves possibilitats i oportunitats.

En l'àmbit estructural, la seu d'iGuzzini és una recerca per a l'optimització de l'estructura de suport. Un edifici d'aquestes característiques podria haver-se resolt a compressió pel traspàs de càrregues verticals cap a terra. En canvi, l'edifici només transmet càrregues verticals a compressió en el seu nucli central, mentre que tots els forjats estan suportats a tracció. Aquests se suspenen del punt final dels pilars, que transmeten les càrregues al terra de manera tridimensional i no lineal. Els quilograms d'acer es redueixen considerablement, ja que una secció molt petita suporta molt més a tracció, amb cables o barres rígides. A això em referia també quan deia que el resultat formal és fruit de moltes consideracions; entre elles, les estructurals.

Volia, en aquesta secció, relacionar l'interès pel procés que tu comparteixes amb Metàpolis, però, al mateix temps, assenyalar el gran contrast entre com aquest interès, en el cas de la majoria dels participants a Metàpolis, s'aplicava a fluxos, conceptes o elements abstractes i, en el teu cas, aquesta visió dialèctica i complexa s'aplica a elements com el pressupost o l'organització de recursos i tècniques. En aquest sentit, en la teva arquitectura hi ha una gran proximitat amb les infraestructures, en projectes evidents com la parada d'autobús de Palafolls, el nou funicular del Tibidabo o la passarel·la de vianants sobre l'autopista de Palafolls. Les oficines Plug-in del 22@ també semblen nodes de la «ciutat intel·ligent». Com entens aquesta proximitat? Quines coses falten a les infraestructures perquè la ciutadania les trobi habitables com fragments de la ciutat? Quin paper hi juga aquí l'arquitectura?

M'interessen els projectes que poden explicar-se com a infraestructures urbanes, com a artefactes que poden transformar la ciutat i canviar el sentit de les coses. M'interessen els espais de conflicte, sobretot d'incomoditat, o fins i tot de caos. Crec que aquests són els llocs de grans oportunitats.

L'arquitectura que no introdueix certa tensió en un lloc no m'interessa. Fins i tot associo el terme *integració* a aquesta tensió que l'arquitectura és capaç d'introduir en un lloc o espai, sigui urbà o natural.

Molts projectes són opinions sobre problemes que es plantegen, possibilitats, sense més ni més. M'agrada manifestar la meva incomoditat davant de les respostes tan educades que es donen actualment. La parada d'autobús de Palafolls, per exemple, no és més que un comentari irònic a una casa imaginària. Les finestres a l'aire, que de nit obren la llum, s'han convertit de sobte en suports de cartells urbans. A mi em sembla interessant que la gent reinterpreti la teva arquitectura i la faci servir d'una altra manera. No entenc aquesta arquitectura que no accepta allò que no estava previst però que, tanmateix, estava demanant a crits.

El pont de vianants de Palafolls és un espai públic o plaça suspès sobre l'autopista. La inauguració es va fer amb una festa al seu espai central, més ampli, on van ballar els gegants i capgrossos de la ciutat. És un pont però alhora és un espai públic, una infraestructura que ofereix un espai de relació a la ciutat. Per això penso en les infraestructures com a llocs de més relació que els edificis mateixos, fins i tot.

El nou funicular del Tibidabo, la Cuca de Llum, evidentment és una infraestructura de ciutat, un sistema de transport per cable. Però el factor clau per a nosaltres va ser treballar amb Leitner, indústria líder mundial del transport per cable, amb una tecnologia increïble. Dissenyant el tren i fent els prototips de cadascuna de les peces t'adones del nivell de precisió, tant tecnològic com formal, que la indústria ha desenvolupat i que la construcció no té.

A les oficines Plug-in del 22@, el més important són els espais de circulació, els carrers interiors que recuperen els antics espais industrials de càrrega i descàrrega. Són espais urbans a l'interior de l'edifici. Crec que aquesta idea de construir ciutat a dins de l'edifici és una cosa que té a veure amb aquest sentit d'infraestructura de la qual parlava. Evidentment, podríem parlar dels espais de treball, els compartits, els ambigus, o del sentit de *togetherness* de què parlo sovint, però crec que ja és més evident.

Així que la teva arquitectura pot aprendre de les infraestructures a bregar amb la tensió i la conflictivitat urbanes, a acceptar-les i gestionar-les, però també incorpora una dimensió cívica a les infraestructures?

Crec que les grans infraestructures són les que realment transformen les ciutats. Aquesta idea d'edifici infraestructura és una mica aquesta ambició per comprometre's amb **i immiscir-se** a **la ciutat. Evidentment, aquesta implicació amb la ciutat, aquest formar-ne part de manera activa, introdueix un sentit cívic a l'arquitectura.**

El llegat de l'Enric és multidimensional. Sembla que de la complicadíssima investigació de l'Enric, cadascun dels seus col·laboradors, socis o companys professionals ha desenvolupat més algun dels seus elements característics. Alguns han continuat amb la fragmentació urbana, uns altres amb la calidesa i expressivitat material, i hi ha qui ha seguit amb la investigació formal. Josep Miàs ha continuat amb el llegat d'Enric Miralles pel que fa a la innovació tecnològica? Fins a quin punt creus que la comprensió conjunta d'aquestes obres ajuda a entendre la importància del llegat de l'Enric? Va haver-hi coses que l'Enric va buscar i que hagin quedat sense hereus?

Parlar de l'Enric en el meu cas és inevitable. Cadascú ha anat buscant la seva pròpia personalitat incidint en allò en què està més interessat. Crec que en el meu cas, els interessos més particulars s'evidencien ja en els projectes en què vaig intervenir des del despatx de l'Enric. La preocupació pel comportament estructural dels edificis, la recerca dels mètodes constructius, la innovació tecnològica, etc., tots són aspectes en el desenvolupament dels quals crec haver contribuït en aquells projectes, tot i que comparteixo molts altres àmbits de recerca. I, sobretot, el rigor en el dibuix i la geometria, com a mecanisme de comprovació. Crec que l'Enric ha estat molt important per a tota una generació d'arquitectes. Poder compartir taula de dibuix amb ell ha estat realment un privilegi. Crec sincerament que el dibuix era l'únic lloc per a un veritable diàleg amb ell. La seva invitació al diàleg era a través del dibuix, bàsicament.

La meva feina segueix insistint en les mateixes preguntes que compartíem amb l'Enric a través del dibuix, però

perquè crec que les preguntes segueixen sent les mateixes; simplement les respostes van canviant. I aquesta condició de sorpresa, sorpresa en un mateix, és la que em sembla més interessant.

M'agradaria citar la frase de l'Enric: «La millor manera d'acostar-se a l'obra d'un arquitecte és a través del teu propi treball».

Parla'ns més sobre a què es referia l'Enric i com has fet teu aquest principi.

Amb aquesta frase volia dir que, en el meu cas, moltes vegades he anat comentant, descobrint o redescobrint coses de les que parlàvem, dibuixant amb l'Enric, a través dels projectes que després he tingut l'oportunitat de dibuixar o construir. És com si, dibuixant les teves coses, vas establint el contacte amb les dels altres, en aquest cas amb l'Enric.

Suposo que l'escriptor diria el mateix escrivint, quan troba punts de trobada amb d'altres que l'han precedit o no. I llavors penses: «Ah, mira! Aquí l'Enric també hi estava ficat».

Sense abandonar del tot l'Enric, m'agradaria que parléssim de l'ordre entre innovació, practicitat i ètica. Entre els seguidors de l'Enric, però també entre la resta dels arquitectes, sembla que una decisió fonamental per distingir les carreres professionals és quanta prioritat donen a la innovació, la practicitat i l'ètica, per on comencen a projectar. L'Enric donava més importància a la innovació que a la resta? Consisteix l'arquitectura MIAS en un esforç per reequilibrar innovació, practicitat i ètica, perllongant encara alguns dels recursos tecnològics i espacials del «mestre»?

A l'Enric li interessava pràcticament tot, tenia una curiositat enorme. Però pertanyia a la seva època, de manera que hi ha certs conceptes actuals que no li interessaven gaire. Comparteixo aquesta curiositat per tot, la qual cosa em permet citar aquella frase de l'Enric referent als projectes: «Que no ens deixem res». Això vol dir que la meva proposta intenta posar en valor tots aquests conceptes que cites, però accentuant la voluntat de no excloure mai cap consideració. Evidentment, una certa escala de projectes et permet desenvolupar una investigació més o menys consistent en certs aspectes. Però que m'interessi la incorporació de la tecnologia no vol dir que, a una altra escala, la meva

arquitectura no respongui d'una manera més sensible o tàctil, com succeeix al Casc Antic de Banyoles.

Quins són els grans reptes de l'arquitectura actual? Medi ambient? Espai públic? Innovació? Quins són els reptes de MIAS?

El títol de l'exposició manlleva una frase de Bob Sheil comentant la nostra feina —"the *making* of making architecture"—, però posem entre parèntesis la paraula *architecture*. La curiositat segueix sent la meva actitud principal. No m'interessen tant les disciplines com les oportunitats de resposta. M'interessa l'arquitectura si aquesta és capaç de donar una opinió sobre un problema o tema, sigui quin sigui. Evidentment, com a arquitectes se'ns pressuposa una competència en temes d'edificació, urbanisme, disseny, etc., però cada vegada m'interessen més els problemes o els projectes que no es circumscriuen a les disciplines clàssiques atribuïdes als arquitectes.

L'oportunitat d'haver dissenyat íntegrament el nou tren funicular Cuca de Llum del Tibidabo, per exemple, o de redissenyar una atracció del mateix parc, permet un distanciament respecte de l'arquitectura que al final enriqueix la teva pròpia obra, a més de suposar un repte. M'agradaria anar donant les meves opinions, a través del meu treball, sobre aquests contextos amb els quals interactuem com a persones i seguir sorprenent-me amb allò que podem aportar en camps aparentment aliens a la nostra disciplina. I això és bàsicament un tema de curiositat i de sorprendre's un mateix.

Em continuen interessant els temes més clàssics relatius a la disciplina arquitectònica, però cada vegada em sembla més necessària una reflexió sobre la incorporació de noves tecnologies, tècniques constructives, respostes mediambientals, compromís i ètica social, etc., que poden oferir oportunitats formals sorprenents. Hem tingut l'oportunitat de donar la nostra opinió en projectes que no eren estrictament d'arquitectura.

En el disseny de l'atracció Embruixabruixes per al parc d'atraccions del Tibidabo, vam introduir les últimes tecnologies de realitat virtual, *mapping*, etc., a un relat clàssic ja establert. Sense renunciar a parts analògiques durant el recorregut, els nous espais construïts digitalment han

contribuït a millorar l'experiència. Ha estat l'atracció més ben valorada del parc. Això no deu ser arquitectura.

En el cas del nou tren funicular d'accés al Tibidabo, era la primera vegada que ens incorporàvem a un equip d'enginyers industrials i el resultat ha estat una sorpresa molt positiva fins i tot per al mateix fabricant, Leitner. Hem envaït competències impensables fins ara. I hem descobert que podem contribuir amb competència i imaginació.

Voldria seguir així.

Vol dir això que amb la teva feina no busques que se t'inclogui en el «hightech» o entre els arquitectes que fan «smart cities» o que són competents en enginyeria, sinó que busques, fonamentalment, encàrrecs que reptin els procediments i les habilitats de l›estudi? És MIAS un laboratori més que un seguidor de tendències?

Amb el meu treball no pretenc que m'incloguin en res. M'agradaria que la meva feina es pogués relacionar amb les persones o arquitectes amb qui en algun moment vaig establir una conversa —Buckminster Fuller, Peter Cook, Coop Himmelb(l)au, Enric Miralles...— i vaig aportar alguna cosa pertinent. I ens vam divertir. Reivindico la meva independència i llibertat per escollir els meus companys de viatge. Crec haver trobat un sentit i una coherència en el treball que lidero a l'estudi, centrat en una recerca molt personal però molt atent a incorporar qualsevol tipus de coneixement extern. La curiositat i sorprendre's constantment a un mateix és fonamental.

«No se m'acut res millor per passar per aquest món que no sigui cantant», deia Manolo García, d'El Último de la Fila. Doncs una cosa semblant.

Això últim m'ha vingut al cap ara, però no voldria que donés la impressió que l'arquitectura és un joc, mai ho he pensat. És més, és una paraula que no deixo fer servir ni als meus estudiants, perquè jo treballo amb un rigor enorme.

La meva feina és molt més complexa del que hom pot pensar. Es tracta d'aixecar pesos (halterofília) i evitar que les venes del coll s'inflin; es tracta d'aixecar el pes com si no pesés encara que tu saps l'esforç que estàs fent. El discurs de la geometria a la seu d'iGuzzini, amb tot el procés de presa de decisions sobre el nombre de pilars

centrals —que si tres, que si quatre, que si cinc, que un... i al final cinc, però desdoblant-se cadascun d'ells en tres tubs, que alhora es desdoblen en dos, travats entre si—, aquest anar i venir amb l'estructurista —fixant una secció màxima per al tub, per no ser pota d'elefant, obrint-se a la part central perquè la secció funcioni com a contenidor d'aire i permeti un sistema de climatització aprofitant el microclima que es crea a través d'aquesta secció—, tantes decisions que venen donades per condicions estructurals, tècniques, de clima i ventilació. La pròpia protecció solar, que no ressegueix la secció esfèrica de l'edifici per tal que, en canviar la secció, es provoqui un efecte *shunt* i així s'arrosseguin les bosses d'aire calent entre el protector solar i el vidre. Tot això gairebé ningú ho veu, ni hi reflexiona. La mà s'ajuda d'aquests *inputs* per, fins i tot, limitar el seu moviment i que el resultat no sigui simplement una decisió formal. Jo crec que qui analitzi el procés de disseny de la seu d'iGuzzini (i de la resta també) veurà que és d'un rigor enorme, d'una voluntat increïble d'incorporar qualsevol coneixement tècnic i científic en les decisions. Aquest projecte inclou fins i tot patents. Com el material per filtrar la llum, que treu un 10 % de visió, però també treu el 70 % de la radiació solar. I és gris, en faixes, en un moviment en espiral (ah, és clar!, com es percep des de la *spaghetti junction* de l'autopista). Doncs no, és en espiral perquè es va col·locar d'una sola peça, i així es podia col·locar amb una certa rotació. La qual cosa explica precisament aquesta costura en espiral del teixit Ferrari.

El que vull dir és que darrere de qualsevol projecte hi ha tanta informació, tantes consideracions, tants secrets!

Només qui fa un gran esforç en rep alguna cosa a canvi. És com dèiem abans: només ens interessa allò que requereix esforç i que et permet aprendre alguna cosa cada vegada que hi tornes.

fem
Alfasoni

INTERVIEW WITH JOSEP MIÁS BY IZASKUN CHINCHILLA

If it's all right with you, I would like to start by talking about the relationship between Catalonia and the world. Catalonia has historically had a rich local architectural culture, as well as abundant international contacts. To what extent has this been the breeding ground for Josep Miàs' architecture?

Catalonia obviously has a great cultural and architectural tradition, with an international leaning at certain historical moments, and we are heirs to this. Nowadays, knowing what is being done around the world means that many proposals are shared. I believe that the thing that defines a certain "place" are the available construction systems, the industrial development of the area and the human capital that works on these projects, especially in projects where there is little industrialisation and the impact of local labour or building elements is important.

I have always been interested in the work of the great Catalan architects that you can revive at any time due to their proximity, and from very different points of view – formal, constructive or structural – but I am fascinated by the architectural drawing of collectives such as Archigram, or the architects of the Russian avant-garde, as well as the more technological work of R. Rogers, Foster or Schumacher. I think it's a question of scale that brings you closer to one or the other.

I would like to take a moment to elaborate on a couple of the points you made. When you refer to how you've learned from Catalan architecture, you seem to point more to the building techniques and technology aspects than to the creators, their historical details or the composition or space, I think this is a very specific observation. Could you name some of these techniques that are important to you in the Catalan context?

I have different levels of interest in each of the works. My approach is probably unique because I'm interested in the most invisible things; the ironic sense of the work, even perverse at times.

I find Gaudí incredible for his ability not to answer the question, it's as though he wasn't interested in it. An entrance door in the shape of dragon's wings; or rather, dragon's wings in the shape of a door. Like those butterflies with folded wings resting on the walls of the crypt in Colònia Güell; in reality, this is an interplay of asymmetrical hinges and windows. I find this way of using architecture to talk about other things fascinating. To suddenly find a formal development as a result of a structural theme, by using the simplest systems: Catalan vaulted ceilings, for example. This madness, or fantasy, full of wisdom and knowledge. I find this geometric, structural and constructive rigour incredible, and suddenly, there's this leap towards something significant.

Something similar happens to me with Jujol, I find that world of contradictions, of ambiguities, fantastic.

I could go on with many others.

But I'm going to talk about Ricardo Bofill, an architect I also find fascinating. The use of brick in his apartment buildings, constructing windows, or rather, constructing the window's light with his lattices. Walden 7, for example, seems to me to be a contemporary project that you can still reflect on and draw conclusions from. The modulation, the prefabrication, the public space inside, and its structure! It's a building where you need to see the drawings and study them, and go back to them to keep discovering new things, and to redraw it, dismantle it, strip it down... something that does not happen with other architecture.

Gaudí, Jujol and Bofill are architects that many recent Catalan architects have disowned, at least for a long while. Oriol Bohigas even said that the best thing that could happen to the Sagrada Família would be to turn it into a railway stop. I think you are the first Catalan architect that I have heard give an open and passionate ode to Gaudí and I think it's to do with the fact that the 'entry point', the 'pull' that attracts you in the first instance is not the figure of the master or the work, but specific aspects of the execution that reveal ingenuity: the hinges, the construction of the vaulted ceiling, elements that you can make your own with greater independence from the historical interpretation...

When I was a student at the Barcelona School of Architecture, I started by buying Gustavo Gili paperbacks. And with all their limitations, I was able to start studying and redrawing the main architects at that time. What I most wanted, however, was to build small models of those buildings. I still have more than fifty of these models and we continue to build others in the office.

I always end up, quite naturally, stripping the buildings down and trying to understand their structural behaviour, or their constructive approach. That's why I'm so interested in buildings under construction, both my own and those of others, ruins… Even the way in which a building has been turned into ruins, how it has fallen to the ground. There is a certain logic to this.

There is a section entitled X-rays in the exhibition. These are photographs of different buildings of ours taken from the same point of view, during construction and once the building is finished. By washing these photos, the photographer Adrià Goula makes some parts visible. It's about thinking about how our buildings will age, how they will be ruined, and being able to incorporate this moment into the actual design process.

Maybe the best way to answer your question would be to say what interests me about each architect from a specific list. That would be the most precise and instructive way.

It seems that MIAS architecture combines two processes, repetitively, systematically and thoroughly: drawing as a tool for conception and construction as a means of verification. Going back a little to what was said in the first question, when we were talking about Catalonia and the world, would you say that the former has a more global inspiration and construction should have more local references. Do drawings have less borders than steel?

The truth is that the place of the project is still the drawing. I didn't want to talk too much about Enric Miralles, but it's unavoidable. Drawing is already a construction in itself. For me, drawing is very similar to writing in that it tries to make sense of things. You try to make your drawing capable of recording what is happening in a place, and I'm not just referring to physical records, but also time records. You try to make sure that these drawings don't leave out anything that might be important

for asking questions. You ultimately want the questions to contain as much information as possible, so that the answers follow naturally. Building is another way of drawing. The exhibition shows these first drawings, which try to contain as much information as possible, as well as the first constructions in the spaces of these lines. This is why many of the models are made of wire. The 1:1 scale construction is just another phase in the natural development of this initial drawing, with new conditions.

I find your approach interesting and educational. I think my projects acquire the reality that they themselves define. As I said at the beginning: drawing is already a construction.

I think we'll come back to this duality of drawing and construction again, but if it's all right with you, I'd like our conversation to return from time to time to moments that have been important in Barcelona, that can be placed in an international context and that I think are reflected in your work. I'd like us to talk a little about the Barcelona Model, the one that made your city the focus of international attention in 1992. That model was committed to prioritising public space, investing in neighbourhoods and paying attention to the urban development model. I don't know how far this model provided a working environment that was more or less a determining factor for architecture. Did a 'unique' Barcelona architecture exist at that time? How did this 'heterodoxy' or 'orthodoxy' affect Miàs during training?

In my student days, there was certainly an important group of architects and teachers who represented the BCN model, all of them good architects. I think that with few exceptions, and whether they wanted to or not, the group created a homogeneous and very interesting type of architecture with a social and cultural focus, with a great sense of the city, and assuming a certain responsibility. This type of situation allowed some architects to emerge as a reaction, as in the case of Enric Miralles, asserting their independence. That's where I feel close to Enric, often developing my work as a reaction to something, rather than as part of something. Although in the end someone inevitably includes you in a group.

In this respect, would you refer to two types of architects: those who build the flock and the snipers? Are they both necessary? What has been each of their roles in Barcelona/Catalonia?

I'm enjoying the vocabulary you're using. I think there are architects who need to feel that they are part of something, in a kind of family. Others find their direction beyond normal categories. I think we have great architecture produced by great architects, but it is precisely this that encourages me to look for other paths, and I think this situation is very characteristic of Catalonia; the common denominator and the exception.

In various projects at the studio it seems that an understanding of the place occurs from different parameters. Projects such as Camp Nou or Andorra Telecom seem to return to the concept of Terrain Vague in Solá Morales, which was so important in the Barcelona model: the best public space is undefined, a space which allows for flexibility. These projects even seem to be linked to the Non-Places of Marc Augé. In the Restoration of the old town of Banyoles, the place seems to be the great builder of identity, almost orthodoxly following the guidelines of Norbert Schultz. In the Topographic House or the Fontanals golf club, the place becomes a source of formal, geometric and spatial resources that the architecture enhances. How do you choose the link between place and project, what are the positive and negative aspects of each approach?

Each place has its own conditions. It is difficult to give a straight answer. What I can do is talk about each project, and the first questions.

In Andorra, we wanted to construct a building that would free up as much public space as possible in a place that was already very built-up. That's why the project is lifted off the ground, offering the public all the space that the building itself occupies at height. It was a building that included the existing building in its interior, using the previous roof as the habitable surface of an interior space in a five-storey hall, in such a way that this floor level of the hall coincided with the level of the neighbouring buildings' roofs. The cross-sectional dimension, less than 15 metres, not only allowed natural light to enter all the spaces, but also a view through the building itself. But perhaps the most relevant aspect

of the project is that it was designed like a machine, with a 1.5-metre-thick perimeter ring where all the installations would be located. The 1.2-metre-thick glass façade acted as a thermal cushion that avoided the need to air-condition the interiors. This thickness of the façade allowed it to be structural and the interior was therefore free of any structure, leaving the spaces free and without any pillars. The new skyline of the city, which is in a deep valley, would be close to the outline of the mountains, rather than a vertical building.

Projects are opportunities to develop subjects that interest you. In this case, how a building can be efficient in a machine-like way. The form was therefore the result of various considerations.

In the old town of Banyoles, the tender brief was to give the old town back to pedestrians. We felt that we had to recover the canals dug into the travertine soil that were formerly used in industry and to irrigate the vegetable gardens at the back of the houses. Recovering the canals was the way to make the presence of the lake felt in the city, not only visually but also with its music. But the formal result of these cuts in the stone paving – Banyoles travertine – is the result of a technical analysis of the flow, section and speed of the water. The sections and geometries of the canal itself have been built to absorb a possible rise in the water level of the lake, so that the excess water moves freely over the actual paved surface. Furthermore, the zigzagging of the canals corresponds to maintaining the flow, which increases in speed when the area is reduced and can cause a plug or whirlpool effect that prevents the water from flowing.

It's as if the water were drawing the project. Something that allows you to avoid certain responsibility in the final result. By this I mean that the project is apparently a formal exercise, when it is actually a very technical exercise or, at least, the result of the interaction between the two.

In the Casa Topográfica – situated in a privileged location with 180-degree views – rigorously redrawing the site allowed us to discover a cascading topography. A cascade that is also transferred to the section of the house. I don't think that the photographs of the finished project explain this decision very well, or the place. On the other hand, the floor plan allows us to understand how the house spreads out horizontally, merging at its ends into the same topography. The rear part, on the other hand, is a sort of excavation in the hill itself, a blind wall practically.

The Fontanals golf club also originates from the knowledge of the place through the redrawing of the site. In reality, all the topography in a golf course is artificial, but the building is formed by this same topography. It obviously tries to camouflage itself, sticking close to the ground, and rising as much as necessary to allow a window or elongated space between the ground and the roof around its perimeter. This enormous scheme required some fragmentation to reduce the impact on the site. In fact, the project looks like an animal crawling over the landscape, on tiptoe.

All projects emerge from a rigorous analysis of the site, with the tools we have, and which are, I repeat, basically drawings. But they develop the aspects that concern or interest us. Of course, they always talk to each other and help each other out if necessary.

The new Camp Nou stadium has two very different parts. On the one hand, the desire to complete an asymmetrical stadium with a different structure from the existing one, by building a roof and a façade. The collages we made of the stadium, with cut-outs of other buildings, places and people in the city, were to enable us to identify the character of this new façade, its colours. As we were aware at all times that the truly interesting façade is the one that is produced on the inside when we see the stands full, we decided to transfer the interior image to the exterior. Hence the use of coloured ceramic pieces on a human scale, incorporating LED technology, interactive sensors for the public from the outside, etc. The other part of the proposal involves the use of the public space around the stadium, as well as its relationship with the immediately surrounding city, which has been called the Espai Barça.

Firstly, it was an opportunity for structural and technological research by using traditional elements such as ceramics, but updating their use. On the other hand, the outdoor space around the stadium allowed an interesting discussion about its use in relation to the

new activities, but above all a reflection on the intense intermittent peaks and more everyday flows of people, so that any conventional response was insufficient. The main problem lay in the initial master plan itself, which did not allow for any discussion beyond its limits and was clearly insufficient.

It seems, from what you say, that MIAS architecture takes no previous conceptual categories as a starting point, it does not predefine what role the place should play, but the answer arises from the interaction between the installations, structure, plan and urban conditions. Let's look back, if you don't mind, at another important moment in Barcelona, so that we can further study your work from a broader context. We are zooming in and out with a spyglass. I'd like to talk about Metapolis. Around the year 2000, a part of Barcelona reinvented itself again with a special emphasis on processes and tools. In the case of Metapolis, processes and tools could be somewhat rhetorical: dictionaries, diagrams, classifications. Does Miàs put the same emphasis on the process, but focusing on the material aspects: the structure, the construction details, the drawing, the model, the budget...?

I think Manuel Gausa attempted to give the scene some order at that time, to connect, establish links, some were perhaps non-existent, but they were of great value. It didn't matter if the map he proposed was an actual reflection of a situation, what was important was the analysis of what was happening at that time on the Catalan scene. Honestly, I don't think anyone has done anything as interesting since then.

I have always been interested in processes because they allow me to understand my own work. I always establish connections with other architecture by analysing internal processes that interest me for my own work.

Could we speak of an interior 'terrain vague' in the interiors of MIAS architecture? I'm talking again about Solà-Morales' vision of public space, where lack of definition was synonymous with flexibility, but in this case I'm trying to trace its influence to your interiors. Aren't many of your interiors treated like public spaces? In the 22@ Plug-in office building, the VIP rooms at the Palau Sant Jordi, or even Promenade House, isn't there a voluntary lack of definition of uses, finishes and textures that seeks almost to replicate the public nature of the square inside the buildings?

All architecture incorporates public space in its interior, so this lack of definition that you mention actually allows for a necessary personal appropriation.

I am very interested in the ambiguity between public and private spaces, their occupation and appropriation, even when it is conflictive. So, some spaces in our projects question their public-private nature, not in the sense of ownership but rather in the sense of use of space.

Even the vocabulary we use to talk about the spaces inside our buildings are characteristic of the public space outside: street, square, passageway, etc. And the same is true the other way round. With the occupation of public space using terms related to an interior space: living room, corridor, etc. The aim is to provide buildings with certain urban conditions.

In the 22@ Plug-in office building the interior spaces are open-plan spaces that open out onto the city; they are really exterior spaces. The same is true of the iGuzzini Illuminazione Ibérica headquarters, where the interior space, free of vertical structures, is open to different possible uses. I think that architecture needs the commitment of its inhabitants, and it must be the inhabitants who interpret this. And I say this when it is the project itself that rigorously defines any element.

The VIP rooms in the Palau Sant Jordi are capsules measuring about 150 m2 that could have been placed in any building or space, even outdoors. They are different metal structure units, each one having some specific services: a bar or a recording studio. This project was important because of the research into the capacity of the interior cladding material, which required a specific acoustic behaviour.

In Promenade House, there are three houses in one, so there are a number of shared interior spaces – a living room, kitchen and a library – that are actually treated as public spaces.

I'd like to talk a bit about the organisation of resources in your projects. I sometimes talk about a way of organising the budget in a project, a method used by many architects in the Spanish context, and which consists of using standard architecture in many elements and concentrating the spending of the budget on a couple of special elements. MIAS architecture seems to distribute resources equally in terms of financial investment and innovation. There is attention to natural and artificial light, the façade, the structure, the installations... How important is this comprehensive pursuit of innovation and quality in the process?

It's true that there are examples from many architects where one part of the project has been responsible for the whole economic cost. Suddenly, there's a poor part and a more worthy part, which forces you to consider the project in a very particular way. In my case, I'm not interested in this distinction. Moreover, we see innovation not only as a technical and quality improvement, but also as an economic improvement.

In our case, innovation has almost always been linked to an economic problem, or to cost reduction. To give a current example, we have been working for some time with GRC, due to its ideal conditions for geometric modulation, on-site manufacturing and quality control, dry assembly, easy replacement, etc. All these terms have an impact on the quality and reduction of the final cost of the product.

We started a few years ago with the social housing building in Torrebaró, where we developed a double-curved GRC panel that was compatible with a special glass enclosure system. We are currently making GRC façades for two markets and have incorporated the photo transfer system in a non-uniformly coloured mass, as well as in a residential building with fretwork as the finishing texture.

We have approached each new project as a challenge so that the same materials and construction system take a further step forward, improving on the features of the previous one. And all of this with the aim of becoming as industrialised as possible and, therefore, reducing costs. I am very interested in the application of systems from one building element to another, causing moments of tension, doubt and response to occur at the same time.

In the Tibidabo Amusement Park's Welcome Square, we did not confine

ourselves to making a vertical green wall with conventional systems, but we incorporated shapes that change the sun exposure conditions of the plants, as well as including insect hotels to ensure insects remain in the area.

We feel it is necessary to reconsider the conventional use that has been given to a product or construction system, and we rethink it to discover new possibilities and opportunities.

With respect to structures, the iGuzzini headquarters is a study into the optimisation of support structures. A building with these characteristics could have been executed by means of compression, due to the transfer of vertical loads to the ground. Instead, the building only transmits vertical loads in compression at its core, while all the floor slabs are supported under tension. They are suspended from the end point of the masts, which transmit the loads to the ground in a three-dimensional and non-linear manner. This greatly reduces the kilos of steel used because a very small section supports much more under tension, with cables or rigid bars. This is also what I meant when I said that the formal result is the result of many considerations, including structural ones.

In this section, I wanted to relate the interest in the process that you share with Metapolis, but to also point out the great contrast between how this interest was applied to flows, concepts or abstract elements in the case of most of the participants at Metápolis and, in your case, how this dialectical and complex vision is applied to items such as the budget or the organisation of resources and techniques. In this respect, there is a great proximity in your architecture to infrastructures, in obvious projects such as the Palafolls bus stop, the new Tibidabo funicular or the pedestrian walkway over the Palafolls motorway. The 22@ Plug-in offices also look like 'smart city' nodes. How do you understand this proximity? What is missing from the infrastructures so that the public finds them habitable as fragments of the city? What role does architecture play here?

I'm interested in projects that can be regarded as urban infrastructure, as artefacts that can transform the city and change the meaning of things. I'm interested in spaces of conflict, especially discomfort, even chaos. I think these are places of great opportunity.

Architecture that doesn't introduce a certain tension in a place doesn't interest me. I even associate the term "integration" with this tension that architecture is capable of introducing in a place or space, whether it be urban or natural.

Many projects are opinions about problems that arise, possibilities, nothing more. I like to express my discomfort towards the polite answers that are given nowadays. The bus stop in Palafolls, for example, is nothing more than an ironic comment on an imaginary house. The windows in the open, which spread out the light at night, have suddenly become stands for urban posters. I find it interesting that people reinterpret your architecture and use it in a different way. I don't understand architecture that is unable to accept things that were not foreseen, but which, nevertheless, it was crying out for.

The Palafolls footbridge is a public space or square suspended over the motorway. The opening took place with a celebration in its largest, central space, where the town's processional giants and big-heads danced. It's a bridge but at the same time a public space, an infrastructure that offers a space for the city to interact. That is why I think of infrastructure as places offering even greater interaction than the buildings themselves.

The new Tibidabo funicular, the Cuca de Llum, is obviously a city infrastructure, a cable transport system. But the key factor for us was working with Leitner, the world's leading cable transport industry, with incredible technology. Designing the train and making prototypes for each of the parts, you realise the level of precision, both technological and formal, that industry has developed and that construction lacks.

In the 22@ Plug-in offices, the most important thing is the traffic areas, the interior streets that have revived the old industrial loading and unloading areas. The spaces inside the building are urban spaces. I think that this idea of building a city inside the building is something related to the sense of infrastructure I was talking about. We could obviously talk about workspaces, shared spaces, ambiguous spaces, the sense of *togetherness* that I often talk about but I think it is more evident now.

So your architecture can learn from infrastructures to deal with urban tension and conflict, to accept and manage it, but it also adds a civic dimension to the infrastructures?

I think it is large infrastructures that really transform cities. This idea of infrastructure building has a little bit to do with the ambition to engage *with* and get involved *in* the city. That involvement with the city, being actively part of it, clearly introduces a civic sense to architecture.

Enric's legacy is multidimensional. It seems that all of Enric's collaborators, partners or colleagues have further developed some of the characteristic elements from his very intricate research. Some have continued with urban fragmentation, others with warmth and expressive materiality, and others with formal research. Has Josep Miàs continued the legacy of Enric Miralles with regard to technological innovation? To what extent do you feel that the joint understanding of these works helps to understand the importance of Enric's legacy? Were any of the things that Enric sought left without heirs?

Talking about Enric in my case is unavoidable. Everyone has searched for their own personality, focusing on what they are most interested in. I think that in my case, my most particular interests are already obvious in the projects in which I was involved in at Enric's firm. Concern for the structural behaviour of buildings, research into construction methods, technological innovation, etc. are aspects that I believe I have contributed to developing in these projects, even though I've shared many other areas of research. And above all, the rigour in drawing and geometry, as a mechanism for checking.

I think Enric has been very important for a whole generation of architects. Being able to share a drawing table with him was a real privilege. I sincerely believe that drawing was the only place for a real dialogue with him. His invitation to dialogue was essentially through drawing.

My work continues to stress the same questions that we shared through drawing with Enric. But because I think the questions are still the same, it's just that the answers keep changing. And this state of surprise, surprise at oneself, is what I find most interesting.

I would like to quote Enric's phrase "The best way to approach the work of an architect is through your own work".

Tell us more about what Enric meant and how you have made this principle your own.

What he meant with this phrase in my case is that I have often commented on, discovered or rediscovered things we used to talk about when Enric and I were drawing, through the projects that I have had the opportunity to draw or build afterwards. It's as if by drawing your own things, you establish contact with those belonging to others, in this case with Enric.

I suppose a writer would say the same when writing, when he finds points of contact with others who may or may have not preceded them.
And then you think: "oh, look! Enric was also involved in that".

Without completely abandoning Enric, I would like to talk about the order between innovation, practicality and ethics. Among Enric's followers, but also among other architects, it seems that the basic decision to distinguish professional careers is due to how much priority they give to innovation, practicality and ethics, where they start designing. Did Enric attach more importance to innovation than anything else? Does MIAS architecture consist of an effort to rebalance innovation, practicality and ethics, while prolonging some of the technology and spatial resources of the 'master'?

Enric was interested in practically everything, he was extremely curious. But he was a product of his time, so there are certain current concepts that didn't interest him much. I share that curiosity for everything, which allows me to quote what Enric said about projects: "let's not leave anything out". This means that my proposal tries to give value to all the concepts you mention, but with an emphasis on the desire to never exclude any consideration. Obviously, a certain scale of projects allows you to carry out more or less consistent research in certain aspects. But the fact that I am interested in the incorporation of technology does not mean that on another level my architecture does not respond in a more sensitive, tactile way, as is the case in Banyoles Old Town.

What are the great challenges facing architecture today? The environment? Public space? Innovation? What are the challenges facing MIAS?

The title of the exhibition borrows a phrase from Bob Sheil commenting on our work – "the *making* of making architecture" – but we have put the word *architecture* in brackets. Curiosity is still my main attitude. I'm not so interested in disciplines as I am in the opportunities for response. I'm interested in architecture if it is able to give an opinion on a problem or subject, whatever it may be. As architects, we are obviously supposed to be competent in building, urban planning, design, etc., but I am increasingly interested in problems or projects that do not fall within the classic disciplines attributed to architects. The opportunity to have completely designed the new Cuca de Llum funicular train in Tibidabo, for example, or to redesign an attraction in the same park, allows you to distance yourself from architecture. In the end, this enriches your own work, as well as being a challenge. I'd like to give my opinions through my work on these contexts with which we interact as people, to continue to be surprised by what we can contribute in fields that are apparently outside our discipline. And this is basically a matter of curiosity and surprising yourself.

I continue to be interested in more classical themes related to the discipline of architecture, but I find it increasingly necessary to reflect on the incorporation of new technologies, construction techniques, environmental responses, social commitment and ethics, etc., which can offer surprising formal opportunities.

We've had the chance to give our opinion on projects that were not strictly architectural.

In the design of the Embruixabruixes attraction for the Tibidabo amusement park, we introduced the latest technologies of virtual reality, mapping, etc. to an already established classical tale. Without dropping the analogue parts of the ride, the new digitally constructed spaces have contributed to enhancing the experience. It has been the highest-rated attraction in the park. This should not be architecture.

In the case of the new funicular train to Tibidabo, it was the first time we joined

a team of industrial engineers, and the result was a very positive surprise, even for the manufacturer itself, Leitner.

We invaded areas of competence that were unthinkable until now. And we have discovered that we can make both competent and imaginative contributions. I would like to carry on like that.

Does this mean that you are not looking to be included as high-tech with your work or among those architects who make Smart Cities, or who are competent in engineering, but that you are primarily looking for projects that challenge the studio's procedures and skills? Is MIAS a laboratory rather than a trend follower?

I'm not trying to be included in anything with my work. I would like my work to be related to people or architects with whom I have at some point had a conversation – Buckminster Fuller, Peter Cook, Coop Himmel(b)lau, Enric Miralles, etc. – and contributed something relevant. And we had fun. I defend my independence and freedom to choose my travelling companions. I believe I have found a sense and coherence in the work I head in the studio, focused on very personal research, but very attentive to incorporating any kind of external knowledge. Curiosity and constantly surprising yourself is essential. "I can't think of anything better to get through this world than singing", said Manolo García of *El último de la Fila*. Well, something similar.

The latter came to mind now, but I wouldn't want to give the impression that architecture is a game, I've never thought of it like that. What's more, it's a word I don't even let my students use, because I'm extremely rigorous in my work.

My work is much more complex than you might think. It's about lifting weights (weightlifting) and keeping the veins in your neck from swelling; it's about lifting the weight as if it doesn't weigh anything even though you know the effort you're making.

The geometry speech at the iGuzzini headquarters, with the whole decision-making process about the number of central masts – three, four, five... one... and in the end five, but each of them dividing into three tubes, which then

divide into two, braced together – this toing and froing with the structural designer – setting a maximum section for the tube, so as not to be an elephant's leg, and opening up in the central part so that the section functions as an air container and allows an air conditioning system, thus taking advantage of the microclimate that is created through that section – so many decisions that are determined by structural, technical, climatic and ventilation conditions.

The solar protection itself, which does not follow the spherical section of the building, creates a shunt effect when changing section and thus drags pockets of hot air between the solar protection and the glass. Hardly anyone sees all this, or thinks about it. The guiding hand uses these inputs to even limit the movement so that the result is not simply a formal decision. I believe that anyone who analyses the design process of the iGuzzini headquarters (and the rest too) will see that it involves enormous rigour, an incredible willingness to incorporate any technical and scientific knowledge into the decisions. This project even includes patents. Like the material for filtering light, which reduces vision by 10% but also removes 70% of the solar radiation. And it's grey, in strips, in a spiral movement (of course! As seen from the spaghetti junction on the motorway). Well, no, it is a spiral because it was installed as one piece, and this way it could be placed with a certain rotation. This explains the spiral stitching of the Ferrari fabric.

What I mean to say is that behind every project there is so much information, so many considerations, so many secrets!

Only those who make a great effort get something back in return. It's like we said before, we're only interested in things which require effort and which allow you to learn something every time you come back to them.

MUNICIPAL
RUBI
MUN
MUNICIPAL
MERCAT
RUBI
MU
MUNICIPAL

ENTREVISTA A JOSEP MIÀS POR IZASKUN CHINCHILLA

Me gustaría, si estás de acuerdo, empezar hablando de la relación entre Cataluña y el mundo. Cataluña ha tenido históricamente una rica cultura arquitectónica local a la par que abundantes contactos internacionales. ¿Hasta qué punto este es el caldo de cultivo de la arquitectura de Josep Miàs?

Evidentemente Cataluña tiene una gran tradición cultural y arquitectónica, con vocación internacional en ciertos momentos históricos, y somos herederos de ésta. Actualmente, el conocimiento de lo que se está haciendo alrededor del mundo hace que se compartan muchas propuestas. Creo que lo que define una cierta "localidad" son los sistemas constructivos al alcance, el desarrollo industrial de la zona, así como el capital humano que trabaja en estos proyectos, sobre todo en los proyectos en los que hay poca industrialización y la incidencia de la mano de obra o de los elementos de construcción locales es importante.

Me ha interesado siempre la obra de los grandes arquitectos catalanes que puedes recuperar en cualquier momento por su proximidad, y desde puntos de vista muy diferentes, —tanto formales, constructivos o estructurales— pero me fascina la arquitectura dibujada de colectivos como Archigram, o de los arquitectos de las vanguardias rusas, así como la apuesta más tecnológica de R. Rogers, Foster o Schumacher. Creo que es un tema de escala lo que te acerca a unos u otros.

Me gustaría que nos detuviéramos un poco en un par de puntos que has mencionado. Cuando te refieres a cómo has aprendido de la arquitectura catalana pareces señalar más a las técnicas constructivas y los aspectos tecnológicos que a los autores, sus detalles historiográficos o a la composición o el espacio, creo que éste es un punto de observación muy específico. ¿Podrías nombrar alguna de esas técnicas que son para ti relevantes en el contexto catalán?

Mi interés es a distintos niveles en cada uno de los trabajos. Seguramente mi aproximación es singular porque me interesan las cosas más invisibles; el sentido irónico de la obra, incluso perverso algunas veces.

Gaudí me parece increíble por su capacidad de no responder a la pregunta, es como si no le interesara. Una puerta de ingreso en forma de alas de dragón; o mejor, unas alas de dragón en forma de puerta. Como esas mariposas con las alas plegadas descansando en los muros de la cripta Güell; en realidad es un juego de ventanas y bisagras asimétricas. Esta manera de usar la arquitectura para hablar de otras cosas me parece fascinante. Encontrar de repente un desarrollo formal como resultado de un tema estructural, recurriendo a los sistemas más simples: el de la volta catalana, por ejemplo. Esa locura, o fantasía, llena de sabiduría y conocimiento. Me parece increíble ese rigor geométrico, estructural, constructivo, y de repente, esa huida hacia algo trascendente.

En Jujol me sucede algo parecido, ese mundo de contradicciones, de ambigüedades, me parece fantástico.

Podría seguir con muchos.

Pero voy a hablar de Ricardo Bofill, un arquitecto que me parece también fascinante. El uso del ladrillo en sus edificios de viviendas plurifamiliares, construyendo ventanas, o más bien, construyendo la luz de la ventana con sus celosías. El Walden 7, por ejemplo, me parece un proyecto actual sobre el que puedes aun reflexionar y sacar conclusiones. La modulación, la prefabricación, el espacio público en su interior, ¡y su estructura! Es un edificio del que necesitas ver los planos, y estudiarlos, y volver a ellos para ir descubriendo, y redibujarlo, desmontarlo, desvestirlo...cosa que no sucede con otras arquitecturas.

Gaudí, Jujol y Bofill han sido arquitectos de los que muchos arquitectos catalanes recientes han renegado, al menos en un largo periodo. Oriol Bohigas llego a decir que lo mejor que le podría pasar a la Sagrada Familia sería convertirse en un apeadero. Creo que eres el primer arquitecto catalán al que oigo una oda abierta y apasionada sobre Gaudí y creo que tiene que ver con que el ´punto de entrada´, el ´gancho´ que te atrae en primera instancia no es la figura del maestro ni de la obra, sino aspectos concretos de la ejecución que muestran ingenio: las bisagras, la construcción de la bóveda, elementos que puedes hacer propios con mayor independencia de la lectura histórica...

Cuando era estudiante en la ETSAB, empecé comprándome los *paperback* de la Gustavo Gili. Y con sus limitaciones pude empezar a estudiar y redibujar a los principales arquitectos de referencia en ese momento. Lo que me apetecía más, sin embargo, era construir pequeñas maquetas de aquellos edificios. Conservo aún más de cincuenta de estas maquetas y seguimos construyendo otras en el despacho.

Acabo siempre, y de una manera natural, desvistiendo los edificios e intentando comprender su comportamiento estructural, o su propuesta constructiva. De ahí que me interesen tanto los edificios en construcción, míos y ajenos, las ruinas... Incluso la forma en que se ha arruinado un edificio, cómo se ha desplomado este sobre el suelo. Hay cierta lógica en ello.

En la exposición hay un apartado titulado X-rays. Se trata de fotografías de distintos edificios nuestros tomadas desde el mismo punto de vista, durante la construcción y una vez acabado el edificio. El fotógrafo Adrià Goula, mediante un trabajo de lavado sobre estas fotos, hace visibles unas partes u otras. Se trata de pensar cómo envejecerán nuestros edificios, cómo se arruinarán, y ser capaces de incorporar este momento en el propio proceso de diseño.

Tal vez la mejor manera de responder a tu pregunta sería decir qué me interesa de cada arquitecto de una lista específica. Sería la manera de ser preciso y didáctico.

Parece que la arquitectura MIAS combina, dos procesos, de forma repetitiva, sistemática y minuciosa: el dibujo como herramienta de ideación y la construcción como medio de comprobación. Volviendo un poco a las afirmaciones de la primera pregunta, cuando hablábamos de Cataluña y el mundo, ¿afirmarías que el primero tiene una inspiración más global y la construcción debe referenciarse más localmente?, ¿tienen los dibujos menos de fronteras que el acero?

La verdad es que el lugar del proyecto sigue siendo el dibujo. No querría hablar mucho de Enric Miralles, pero es inevitable. El dibujo es ya una construcción en sí mismo. Para mí el dibujo es algo muy parecido a la escritura, en tanto que intenta dar sentido a las cosas. Intentas que tu dibujo sea capaz de registrar aquello

que sucede en el lugar y no me refiero solamente a registros físicos, sino también temporales. Intentas que estos dibujos no se dejen nada que pueda ser importante para la formulación de las preguntas. Lo que pretendes, en definitiva, es que las preguntas contengan cuanta más información posible, de manera que las respuestas se sucedan con naturalidad. Construir es otra manera de dibujar. En la exposición, se muestran estos primeros dibujos que intentan contener el máximo de información, así como las primeras construcciones en el espacio de estas líneas. De ahí que las maquetas sean muchas de ellas de alambre. La construcción a escala 1/1 es una fase más del desarrollo natural de ese dibujo inicial, con nuevas condiciones.

Me parece interesante y pedagógico cómo lo planteas. Creo que mis proyectos adquieren la realidad que ellos mismos van definiendo. Lo que decía al principio: el dibujo ya es una construcción.

Creo que volveremos a esa dualidad dibujo/construcción más veces, pero, si estás de acuerdo, me gustaría volver en nuestra conversación, de vez en cuando, a momentos que han sido importantes en Barcelona, que pueden contextualizarse internacionalmente y que creo que tienen un reflejo en tu obra. Me gustaría que habláramos un poco del Modelo Barcelona, el que convirtió a tu ciudad en el foco de atención internacional en el año 92. Ese modelo apostó por priorizar el espacio público, por la inversión en barrios, la atención al modelo de desarrollo urbano. No sé hasta qué punto este modelo brinda un entorno de trabajo más o menos condicionante para la arquitectura ¿Existía, en ese momento, una 'única' arquitectura Barcelona? ¿Cómo afecta a Miàs esa 'heterodoxia' o esa 'ortodoxia' durante su formación?

Ciertamente en mi época de estudiante había un importante grupo de arquitectos y profesores que representaba el modelo BCN, buenos arquitectos todos ellos. Creo que, con pocas excepciones, el grupo construyó con o sin querer un tipo de arquitectura homogénea y muy interesante con preocupaciones sociales, culturales, con gran sentido de ciudad, y asumiendo una cierta responsabilidad. Este tipo de situación permite precisamente que algunos arquitectos emerjan como reacción, como en el caso de Enric

Miralles, reivindicando su independencia. Ahí es donde me siento próximo a Enric, desarrollando muchas veces el trabajo como reacción a algo, más que formando parte de algo. Aunque al final alguien te incorpora a un grupo inevitablemente.

¿Hablarías en este sentido de 2 tipos de arquitectos: los que construyen la manada y los francotiradores? ¿son los dos necesarios? ¿cuál ha sido el papel de ambos en Barcelona/Cataluña?

Me parece divertido el vocabulario que usas. Yo creo que hay arquitectos que necesitan sentirse que forman parte de algo, de una especie de familia. Otros encuentran su sentido fuera de un calificativo común. Yo creo que tenemos una gran arquitectura firmada por grandes arquitectos, pero precisamente ésta es la que me estimula a buscar otros caminos, y creo que esta situación es muy característica de Cataluña; el común denominador y la excepción.

En diferentes proyectos del estudio parece que la comprensión del lugar opera desde distintos parámetros. Proyectos como el Camp Nou o Andorra Telecom parecen retomar el concepto de Terrain Vague en Solá Morales que tan importante fue en el modelo Barcelona: el mejor espacio público es el indefinido, que admite la flexibilidad. Esos proyectos parecen vincularse incluso con Los No Lugares de Marc Augé. En la Rehabilitación del casco antiguo de Banyoles el lugar parece el gran constructor de identidad, casi siguiendo ortodoxamente las directrices de Nobert Schultz. En la casa Topográfica o el club de golf Fontanals el lugar se vuelve una fuente de recursos formales, geométricos y espaciales que la arquitectura pone en valor. ¿Cómo eliges cual será el vínculo entre lugar y proyecto?, ¿cuáles son los aspectos positivos y negativos de cada acercamiento?

Cada lugar tiene sus propias condiciones. Es difícil dar una respuesta clara. Lo que sí puedo hacer es contar cada proyecto, y las primeras preguntas.

En Andorra queríamos construir un edificio que liberara el máximo espacio público en un lugar ya muy denso de por sí. De ahí que el proyecto se levantara del suelo ofreciendo al ciudadano todo el espacio que el propio edificio ocupa en altura. Era un edificio que incorporaba en su interior al edificio existente, usando la

cubierta previa como plano habitable de un espacio interior de hall de cinco alturas, de manera que este nivel de suelo del hall coincidía con el nivel de las cubiertas de los edificios vecinos. La dimensión transversal, inferior a 15 metros, permitía no sólo la entrada de luz natural a todos los espacios, sino también la visión a través del propio edificio. Pero quizás lo más relevante del proyecto es que fue concebido como una máquina, con un anillo perimetral de 1,50 metros de grosor donde se ubicaban todas las instalaciones. La fachada de cristal de 1,20 metros de grosor actuaba a modo de cojín térmico que evitaba tener que climatizar los interiores. Este grosor de la fachada permitía que fuera estructural y, por lo tanto, el interior estaba liberado de estructura dejando los espacios libres y sin pilares. El nuevo skyline de la ciudad, que está en un profundo valle, sería próximo a los perfiles de las montañas y no tanto a un edificio vertical.

Los proyectos son oportunidades para desarrollar temas que te interesan. En este caso, cómo un edificio puede ser eficiente de manera similar a una máquina. De ahí que la forma fuera el resultado de diversas consideraciones.

En el casco antiguo de Banyoles el enunciado de concurso era devolver al peatón la ciudad antigua. Creíamos que debíamos recuperar los canales excavados en el suelo de travertino que antiguamente servían para hacer funcionar las industrias y regar los huertos que estaban en la parte posterior de las casas. Recuperar los canales era la manera de hacer presente el lago en la ciudad, no sólo visualmente sino también con su música. Pero el resultado formal de estos cortes en el pavimento de piedra —travertino de Banyoles— es el resultado de un análisis técnico del caudal, sección y velocidad del agua. Las secciones y geometrías del mismo canal se construyen para absorber una posible subida del nivel del agua del lago, de manera que la parte de agua sobrante se mueva libremente por encima del mismo pavimento. Así mismo el zigzag de los canales responde al mantenimiento del caudal que, al ver reducida su sección, aumenta de velocidad con lo que se puede producir un efecto tapón o remolino que no permita que el agua fluya.

Es como si el agua fuera quien dibujara el proyecto. Algo que te permite evitar cierta responsabilidad en el resultado final. Con esto quiero decir que aparentemente el proyecto es un ejercicio formal cuando en realidad es un ejercicio muy técnico o, al menos, el resultado de la interacción entre ambos.

En la casa Topográfica —situada en un lugar privilegiado con vistas a 180 grados—, redibujar con rigor el lugar nos permitió descubrir una topografía en cascada. Una cascada que la misma mano traslada a la sección de la casa. Creo que las fotografías del proyecto acabado no explican bien esta decisión, ni el lugar. En cambio, el dibujo en planta permite entender cómo se extiende la vivienda horizontalmente perdiéndose en sus extremos en la misma topografía. La parte posterior, en cambio, es una especie de excavación en la misma colina, un muro prácticamente ciego.

El club de golf Fontanals también parte del conocimiento del lugar a través del redibujado del mismo. En realidad, toda la topografía es artificial en un campo de golf, pero el edificio nace de esta misma topografía. Evidentemente intenta camuflarse, casi pegarse al suelo, levantarse lo imprescindible para dejar esa ventana o espacio alargado entre el suelo y la cubierta en todo su perímetro. El enorme programa requería su fragmentación para reducir el impacto en el lugar. De hecho, el proyecto parece un animal arrastrándose sobre el paisaje, de puntillas.

Todos los proyectos nacen del riguroso análisis del lugar, con las herramientas con que contamos, y que repito son básicamente el dibujo. Pero desarrollan los aspectos que nos preocupan o interesan. Claro que entre ellos siempre se hablan, y se echan un cable si hace falta.

El nuevo estadio Camp Nou tiene dos partes muy diferenciadas. Por una parte, la voluntad de completar un estadio asimétrico con una estructura diferenciada de la existente, construyendo un techo y una fachada. Los collages que hicimos del estadio con recortes de otros edificios, lugares, gentes de la ciudad debían permitirnos identificar el carácter de esta nueva fachada, sus colores. Conscientes en todo momento de que la fachada realmente interesante es la que se produce en el interior al ver los graderíos llenos. Tomamos la decisión de llevar la postal interior al exterior. De ahí el uso de piezas cerámicas a escala humana de colores, que incorporaban tecnología led, sensores interactivos para el público

desde el exterior, etc. La otra parte de la propuesta trata del uso del espacio público alrededor del estadio, así como de su relación con la ciudad inmediata, lo que se ha llamado el Espai Barça.

En el primer caso, era una oportunidad de investigación estructural y tecnológica usando elementos tradicionales como la cerámica, pero actualizando su uso. En cambio, el espacio exterior alrededor del estadio permitía una interesante discusión acerca de su uso en relación a las nuevas actividades, pero sobre todo una reflexión acerca de los flujos puntuales intensivos y los más cotidianos de la gente, por lo que cualquier respuesta convencional resultaba insuficiente. El principal problema radicaba en el propio masterplan **de partida, que no permitía una discusión más allá de los límites del mismo y que resultaba claramente insuficiente.**

Parece, por lo que dices, que la arquitectura MIAS no parte de categorías conceptuales previas, no se predefine qué papel debe jugar el lugar, sino que la respuesta surge de la interacción entre instalaciones, estructura, programa y condiciones urbanísticas. Volvamos, si te parece, a otro momento importante en Barcelona, para poder profundizar más en tu trabajo desde un contexto más amplio. Estamos acercándonos y alejándonos con un catalejo.
Me gustaría que habláramos de Metápolis. En torno al 2000, una parte de Barcelona vuelve a reinventarse poniendo especial énfasis en los procesos y las herramientas. En el caso de Metápolis los procesos y las herramientas podrían resultar algo retóricos: diccionarios, diagramas, clasificaciones. ¿Pone Miàs el mismo énfasis en el proceso, pero centrando la atención en los aspectos materiales: la estructura, el detalle constructivo, el dibujo, la maqueta, el presupuesto…?

Creo que Manuel Gausa hizo un intento de ordenar el panorama en ese momento, de relacionar, de establecer conexiones, algunas quizás inexistentes, pero de un gran valor. Daba igual que el mapa que proponía fuese el reflejo real de una situación, lo importante fue el análisis de lo que estaba sucediendo en esos momentos en el panorama catalán. Sinceramente, creo que nadie ha hecho desde entonces nada tan interesante. Siempre me han interesado los procesos porque me permiten entender mi propio trabajo. Siempre establezco las conexiones con otras arquitecturas

mediante el análisis de procesos internos que me interesan para mi propio trabajo.

En los interiores de la arquitectura MIAS, ¿podría hablarse de un 'terrain vague' interior? Me refiero de nuevo a esa visión del espacio público de Solà-Morales, donde la indefinición era sinónimo de flexibilidad, pero en este caso trato de rastrear su influencia en tus interiores. ¿No son tratados muchos de tus interiores como espacios públicos? En las oficinas Plug-in del 22@, las salas VIP del Palau Sant Jordi o incluso en la casa Promenade ¿no hay una indefinición voluntaria de usos, acabados, texturas que busca casi replicar esa condición pública de la plaza dentro de los edificios?

Toda arquitectura incorpora espacio público en su interior, por lo que esa indefinición que comentas en realidad permite una apropiación personal necesaria. Me interesa mucho la ambigüedad entre los espacios públicos y privados, su ocupación y apropiación, incluso cuando es conflictiva. De ahí que algunos espacios en nuestros proyectos dudan de su condición público-privada, pero no en el sentido de propiedad sino de uso del espacio. Incluso el vocabulario que usamos para hablar de los espacios en el interior de nuestros edificios es propio del espacio público exterior: calle, plaza, pasaje, etc. Lo mismo sucede al revés. En la ocupación que se hace del espacio público usando los términos propios de un espacio interior: sala de estar, pasillo, etc. Se trata de dotar de ciertas condiciones urbanas a los edificios.

En las oficinas Plug-in del 22@, los espacios interiores son espacios diáfanos abiertos a la ciudad; en realidad son espacios exteriores. Lo mismo sucede en la sede iGuzzini Illuminazione Ibérica, donde el espacio interior, libre de estructura vertical, se ofrece a distintas posibilidades de uso. Pienso que la arquitectura necesita del compromiso del habitante y debe de ser éste quien la interprete. Y digo esto cuando precisamente el proyecto define rigurosamente cualquier elemento.

Las salas VIP del Palau Sant Jordi son unas cápsulas de unos 150m2 que podrían haberse colocado en cualquier edificio o espacio, incluso exterior. Son distintas unidades de estructura metálica revestida con algunos servicios específicos en cada una de ellas: bar o estudio de grabación. Ese proyecto

resultó importante por la investigación sobre las capacidades del material de revestimiento interior que requería un comportamiento acústico específico. En la casa Promenade existen tres casas en una, por lo que hay una serie de espacios interiores compartidos —salón , cocina, biblioteca— tratados como espacios públicos en realidad.

Me gustaría que habláramos un poco de la organización de recursos en tus proyectos. Yo a veces hablo de una forma de organizar el presupuesto en un proyecto, usada por muchos arquitectos en el contexto español, que consiste en emplear una arquitectura standard en muchos elementos y concentrar el gasto presupuestario en un par de elementos singulares. La arquitectura MIAS parece distribuir los recursos de forma equitativa en términos de inversión económica y de innovación. Hay atención a la luz natural y artificial, la fachada, la estructura, las instalaciones… ¿Cómo de importante es en el proceso esa búsqueda integral de la innovación y la calidad?

Es verdad que hay ejemplos de muchos arquitectos en los que se intuye que una parte del proyecto se ha llevado toda responsabilidad económica del mismo. De repente, hay una parte pobre y otra más noble, lo cual te obliga a considerar de una manera muy particular el proyecto. En mi caso, no me interesa esa diferenciación. Además, la innovación la asumimos como mejora, no solamente técnica y de la calidad, sino también económica.

Innovar en nuestro caso casi siempre ha ido ligado a un problema económico, o de reducción de costes. Para poner un ejemplo vigente, llevamos tiempo trabajando con el GRC, por sus condiciones de modulación geométrica, fabricación y control de calidad en planta, montaje en seco, fácil sustitución, etc. Todos estos términos repercuten en la calidad y la reducción del coste final del producto.

Empezamos hace unos años con el edificio de viviendas sociales en Torrebaró, donde desarrollamos un panel de GRC con doble curvatura compatible con un sistema especial de cerramiento de cristal. Actualmente estamos haciendo unas fachadas GRC para dos mercados en las que hemos incorporado el sistema de phototransfer en masa coloreada de manera no uniforme, así como en un

edificio residencial con una greca como textura de acabado.

Hemos planteado cada nuevo proyecto como un reto para que el mismo material y sistema constructivo diera un nuevo paso adelante, mejorando las prestaciones del anterior. Y todo ello con el objetivo de industrializar al máximo y, por tanto, reducir costes. Me interesa mucho la aplicación de sistemas de un elemento constructivo a otro, de manera que se produzcan momentos de tensión, duda y respuesta al mismo tiempo.

En la Plaza de Bienvenida del Parque de Atracciones del Tibidabo no nos limitamos a hacer un muro vertical verde con los sistemas convencionales, sino que incorporamos unas formas que cambian las condiciones de exposición al sol de las plantas, aparte de incorporar los hoteles de insectos para asegurar el mantenimiento de insectos de la zona.

Sentimos la necesidad de replantear el uso convencional que se ha dado a un producto o sistema constructivo, y lo repensamos para descubrir nuevas posibilidades y oportunidades.

En el campo estructural, la sede de iGuzzini es una investigación para la optimización de la estructura de soporte. Un edificio de estas características podría haberse resuelto a compresión por el traspaso de cargas verticales hacia el suelo. En cambio, el edificio solamente transmite cargas verticales a compresión en su núcleo central, mientras que todos los forjados están soportados a tracción. Éstos se suspenden del punto final de los mástiles que transmiten las cargas al suelo de manera tridimensional y no lineal. Los quilogramos de acero se reducen considerablemente ya que una sección muy pequeña soporta mucho más a tracción, con cables o barras rígidas. A esto me refería también cuando decía que el resultado formal es fruto de muchas consideraciones, entre ellas, estructurales.

Quería, en esta sección, relacionar el interés por el proceso que tú compartes con Metápolis, pero, al mismo tiempo, señalar el gran contraste entre cómo ese interés, en el caso de la mayoría de los participantes en Metápolis, se aplicaba a flujos, conceptos o elementos abstractos y, en tu caso, esa visión dialéctica y compleja se aplica a elementos como el presupuesto o la organización de recursos y técnicas. En este sentido, en tu arquitectura hay una gran proximidad con las infraestructuras, en proyectos evidentes como la parada de autobús de Palafolls, el nuevo funicular del Tibidabo o la pasarela peatonal sobre la autopista de Palafolls. Las oficinas Plug-in del 22@ también parecen Nodos de la 'ciudad inteligente'. ¿Cómo entiendes esa proximidad?, ¿qué cosas les faltan a las infraestructuras para que la ciudadanía las encuentre habitables como fragmentos de la ciudad?, ¿qué papel juega aquí la arquitectura?

Me interesan los proyectos que pueden contarse como infraestructuras urbanas, como artefactos que pueden transformar la ciudad, y cambiar el sentido de las cosas. Me interesan los espacios de conflicto, sobre todo de incomodidad, incluso de caos. Creo que estos son los lugares de grandes oportunidades.

La arquitectura que no introduce cierta tensión en un lugar no me interesa. Incluso asocio el término "integración" a esta tensión que la arquitectura es capaz de introducir en un lugar o espacio, sea urbano o natural.

Muchos proyectos son opiniones sobre problemas que se plantean, posibilidades, sin más. Me gusta manifestar mi incomodidad frente a las respuestas tan educadas que se dan actualmente. La parada de autobús de Palafolls, por ejemplo, no es más que un comentario irónico a una casa imaginaria. Las ventanas al aire, que de noche abren la luz, se han convertido de repente en soportes de carteles urbanos. A mí me parece interesante que la gente reinterprete tu arquitectura y la use de otra manera. No entiendo esa arquitectura que no acepta aquello que no estaba previsto pero que, sin embargo, estaba pidiendo a gritos.

El puente peatonal de Palafolls es un espacio público o plaza suspendido sobre la autopista. La inauguración se hizo con una fiesta en su espacio central, más amplio, donde bailaron los gigantes y cabezudos de la ciudad. Es un puente, pero a la vez es un espacio público, una infraestructura que ofrece un espacio de relación a la ciudad. De ahí que piense en las infraestructuras como lugares de mayor relación incluso que los mismos edificios.

El nuevo funicular del Tibidabo, la Cuca de Llum, evidentemente es una infraestructura de ciudad, un sistema de transporte por cable. Pero el factor clave para nosotros fue el trabajar

con Leitner, industria líder mundial del transporte por cable, con una tecnología increíble. Diseñando el tren y realizando prototipos de cada una de las piezas te das cuenta del nivel de precisión tanto tecnológico como formal que la industria ha desarrollado y de la que carece la construcción.

En las oficinas Plug-in del 22@ lo más importante son los espacios de circulación, las calles interiores y que recuperan los antiguos espacios industriales de carga y descarga. Son espacios urbanos en el interior del edificio. Creo que esta idea de construir ciudad dentro del edificio es algo que tiene que ver con ese sentido de infraestructura de la que hablaba. Evidentemente podríamos hablar de los espacios de trabajo, espacios compartidos, espacios ambiguos, del sentido de togetherness **del que hablo a menudo, pero creo que ya es más evidente.**

¿Así que tu arquitectura puede aprender de las infraestructuras a lidiar con la tensión y la conflictividad urbanas, a aceptarla y gestionarla, pero también incorpora una dimensión cívica a las infraestructuras?

Creo que las grandes infraestructuras son las que realmente transforman las ciudades, Esta idea de edificio infraestructura es un poco esa ambición a comprometerse *con* y entrometerse *en* la ciudad. Evidentemente esa implicación con la ciudad, ese formar parte de ella de manera activa, introduce un sentido cívico a la arquitectura.

El legado de Enric es multidimensional. Parece que, de la intrincadísima investigación de Enric, cada uno de sus colaboradores, socios o compañeros profesionales ha desarrollado más alguno de sus elementos característicos. Unos han continuado con la fragmentación urbana, otros con la calidez y expresividad material, aquellos con la investigación formal. ¿Josep Miàs ha continuado con el legado de Enric Miralles respecto a la innovación tecnológica? ¿Hasta qué punto crees que la comprensión conjunta de estas obras ayuda a comprender la importancia del legado de Enric? ¿Hubo cosas que Enric buscó que hayan quedado sin herederos?

Hablar de Enric en mi caso es inevitable. Cada uno ha ido buscando su propia personalidad incidiendo en aquello

en lo que está más interesado. Creo que, en mi caso, los intereses más particulares se evidencian ya en los proyectos en que intervine dentro del despacho de Enric. La preocupación por el comportamiento estructural de los edificios, la investigación de los métodos constructivos, la innovación tecnológica, etc. son aspectos en los que creo haber contribuido a desarrollar en esos proyectos, aun cuando comparto otros muchos ámbitos de investigación. Y sobre todo el rigor en el dibujo y la geometría, como mecanismo de comprobación. Creo que Enric ha sido muy importante para toda una generación de arquitectos. Poder compartir mesa de dibujo con él ha sido realmente un privilegio. Creo sinceramente que el dibujo era el único lugar para un verdadero diálogo con él. Su invitación al diálogo era a través del dibujo básicamente. Mi trabajo sigue insistiendo en las mismas preguntas que compartíamos a través del dibujo con Enric. Pero porque creo que las preguntas siguen siendo las mismas, simplemente que las respuestas van cambiando. Y esta condición de sorpresa, sorpresa en uno mismo, es la que me parece más interesante. Me gustaría citar la frase de Enric "La mejor manera de acercarse a la obra de un arquitecto es a través de tu propio trabajo "

Cuéntanos más de a qué se refería Enric y cómo has hecho tuyo ese principio.

Con esta frase quería decir que en mi caso he ido muchas veces comentando, descubriendo o redescubriendo cosas de las que hablábamos, dibujando con Enric a través de los proyectos que después he tenido la oportunidad de dibujar o construir. Es como que dibujando tus cosas vas estableciendo el contacto con las de otros, en este caso con Enric. Supongo que el escritor diría lo mismo escribiendo, cuando encuentra puntos de encuentro con otros que le han precedido o no. Y entonces piensas: "ah, ¡mira! Ahí también estaba Enric metido".

Sin abandonar del todo a Enric, me gustaría que habláramos del orden entre innovación, practicidad y ética. Entre los seguidores de Enric, pero también entre el resto de los arquitectos, parece que una decisión fundamental para distinguir las carreras profesionales es cuanta prioridad dan a la innovación, la practicidad y la ética, por dónde empiezan a proyectar. ¿Daba más importancia Enric a la innovación que al resto?, ¿Consiste la arquitectura MIAS en un esfuerzo por reequilibrar innovación, practicidad y ética, aún prolongando algunos de los recursos tecnológicos y espaciales del 'maestro'?

A Enric le interesaba prácticamente todo, tenía una enorme curiosidad. Pero pertenecía a su época, por lo que hay ciertos conceptos actuales que no le interesaban mucho. Comparto esa curiosidad por todo, lo cual me permite citar aquella frase de Enric referente a los proyectos: "que no nos dejemos nada". Esto significa que mi propuesta intenta poner en valor todos esos conceptos que citas, pero haciendo hincapié en esa voluntad de no excluir nunca ninguna consideración. Evidentemente una cierta escala de proyectos te permite desarrollar una investigación más o menos consistente en ciertos aspectos. Pero que me interese la incorporación de la tecnología no quiere decir que a otra escala mi arquitectura no responda de una manera más sensible, táctil, como sucede en el Casco Antiguo de Banyoles.

¿Cuáles son los grandes retos de la arquitectura actual? ¿Medio ambiente? ¿Espacio público? ¿Innovación? ¿Cuáles son los retos de MIAS?

El título de la exposición toma prestada una frase de Bob Sheil comentando nuestro trabajo —"the *making* of making architecture"—, pero ponemos entre paréntesis la palabra *architecture*. La curiosidad sigue siendo mi principal actitud. No me interesan tanto las disciplinas como las oportunidades de respuesta. Me interesa la arquitectura si ésta es capaz de dar una opinión sobre un problema o tema, cualquiera que sea. Evidentemente como arquitectos se nos presupone una competencia en temas de edificación, urbanismo, diseño, etc. pero cada vez me interesan más los problemas o los proyectos que no se circunscriben en las disciplinas clásicas atribuidas a los arquitectos. La oportunidad de haber diseñado íntegramente el nuevo tren funicular Cuca de Llum del Tibidabo, por ejemplo, o rediseñar una atracción del mismo parque, permite un distanciamiento respecto de la arquitectura que al final enriquece tu propia obra, además de suponer un reto. Me gustaría ir dando mis opiniones, a través de mi trabajo, sobre estos contextos con los que interactuamos como personas, seguir sorprendiéndome de lo que podemos aportar en campos aparentemente ajenos a nuestra disciplina.

Y esto es básicamente un tema de curiosidad y de sorprenderse uno mismo.

Me siguen interesando los temas más clásicos relativos a la disciplina arquitectónica, pero cada vez me parece más necesaria una reflexión sobre la incorporación de nuevas tecnologías, técnicas constructivas, respuestas medioambientales, compromiso y ética social, etc. y que pueden ofrecer oportunidades formales sorprendentes.

Hemos tenido la oportunidad de dar nuestra opinión en proyectos que no eran estrictamente de arquitectura. En el diseño de la atracción Embruixabruixes para el parque de atracciones del Tibidabo introdujimos las últimas tecnologías de realidad virtual, mapping**, etc. a un relato clásico ya establecido. Sin renunciar a partes analógicas durante el recorrido, los nuevos espacios construidos digitalmente han contribuido a mejorar la experiencia. Ha sido la atracción mejor valorada del parque. Esto no debe de ser arquitectura.**

En el caso del nuevo tren funicular de acceso al Tibidabo, era la primera vez que nos incorporábamos a un equipo de ingenieros industriales y el resultado ha sido una sorpresa muy positiva incluso para el propio fabricante, Leitner. Hemos invadido competencias impensables hasta ahora. Y hemos descubierto que podemos contribuir con competencia e imaginación.

Querría seguir así.

¿Quiere esto decir que con tu trabajo no buscas que te incluyan en el hightech o entre los arquitectos que hacen Smart Cities o que son competentes en ingeniería, sino que buscas, fundamentalmente, encargos que reten los procedimientos y las habilidades del estudio? ¿Es MIAS un laboratorio más que un seguidor de tendencias?

Con mi trabajo no pretendo que me incluyan en nada. Me gustaría que mi trabajo se pudiera relacionar con las personas o arquitectos con los que en algún momento he establecido una conversación —Buckminster Fuller, Peter Cook, Coop Himmel(b)lau, Enric Miralles...— y aporté algo pertinente.

Y nos divertimos. Reivindico mi independencia y libertad para escoger mis compañeros de viaje. Creo haber encontrado un sentido y coherencia

en el trabajo que lidero en el estudio, centrado en una investigación muy personal pero muy atento a incorporar cualquier tipo de conocimiento externo. La curiosidad y sorprenderse constantemente a uno mismo es fundamental.

"No se me ocurre nada mejor para pasar por este mundo que cantando", decía Manolo García de *El último de la Fila*. Pues algo parecido.

Esto último me ha venido a la mente ahora, pero no querría que diera la impresión que la arquitectura es un juego, nunca lo he pensado. Es más, es una palabra que no dejo usar ni a mis estudiantes, porque el rigor con el que yo trabajo es enorme.

Mi trabajo es mucho más complejo de lo que uno puede pensar. Se trata de levantar pesas (halterofilia) y evitar que las venas del cuello se hinchen; se trata de levantar el peso como si no pesara, aunque tú sabes el esfuerzo que estás haciendo.

El discurso de la geometría en la sede de iGuzzini, con todo el proceso de toma de decisiones acerca del número de mástiles centrales —que si tres, que si cuatro, que si cinco,... que uno...y al final cinco pero desdoblándose cada uno de ellos en tres tubos, que a la vez se desdoblan en dos, arriostrados entre sí—, ese ir y venir con el estructurista —fijando una sección máxima para el tubo, para no ser pata de elefante, abriéndose en la parte central para que la sección funcione como contenedor de aire y permita un sistema de climatización aprovechando el microclima que se crea a través de esa sección— tantas decisiones que vienen dadas por condiciones estructurales, técnicas, de clima, ventilación. La propia protección solar, que no resigue la sección esférica del edificio para, al cambiar la sección, provocar un efecto *shunt* y así arrastrar las bolsas de aire caliente entre el protector solar y el cristal. Todo esto casi nadie lo ve, ni lo reflexiona. La mano se ayuda de estos *inputs* para incluso limitar su movimiento y que el resultado no sea simplemente una decisión formal. Yo creo que quien analice el proceso de diseño de la sede de iGuzzini (y del resto también) verá que es de un rigor enorme, de una increíble voluntad de incorporar cualquier conocimiento técnico y científico en las decisiones. Este proyecto incluye incluso patentes.

Como el material para filtrar la luz, que quita un 10% de visión, pero también quita el 70% de la radiación solar. Y es gris, en fajas, en un movimiento en espiral (¡ah, claro! como se percibe desde la *spaghetti junction* de la autopista). Pues no, es en espiral porque se colocó de una sola pieza, y así se podía colocar con una cierta rotación. Lo que explica precisamente esta costura en espiral del tejido Ferrari.

Lo que quiero decir es que detrás de cualquier proyecto hay tanta información, tantas consideraciones, ¡tantos secretos!

Solamente quien hace un gran esfuerzo recibe algo a cambio. Es como decíamos antes, sólo nos interesa aquello que requiere esfuerzo y que te permite aprender algo cada vez que vuelves a ello.

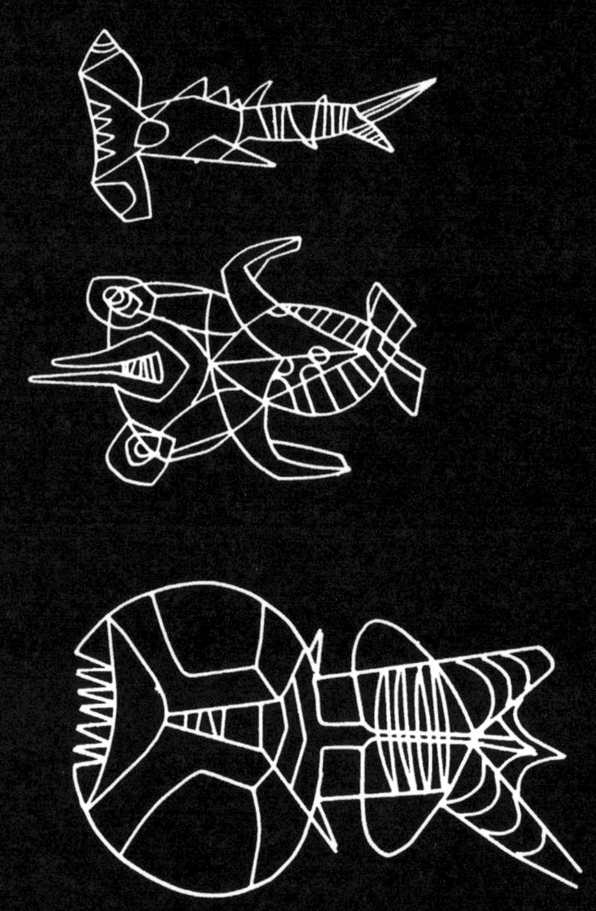

EXPOSICIÓ / EXHIBITION
EXPOSICIÓN

ORGANITZACIÓ I PRODUCCIÓ
ORGANIZATION AND PRODUCTION
ORGANIZACIÓN Y PRODUCCIÓN
Disseny Hub Barcelona
MIAS Architects

COMISSARIAT / CURATORS
COMISARIADO
Josep Miàs
Marina Povedano
MIAS Architects

DISSENY DE L'EXPOSICIÓ I GRÀFICA
EXHIBITION DESIGN AND GRAPHICS
DISEÑO DE LA EXPOSICIÓN Y GRÁFICA
MIAS Architects / VIDRESIF

EQUIP PRODUCCIÓ
PRODUCTION TEAM
EQUIPO DE PRODUCCIÓN
Josep Miàs, Marina Povedano, Mauro Soro, Marta Cases, Marc Subirana, Caterina Gentini, Guillem Hernández, Daniela Salaris, Artur Roig, Arnau Miàs, Mei Anglada, Lucrezia Muscas, Mario Balletta, Andrea Careddu, Lisa Brunello, Karina Iurkova, Kalina Helena Slominska, Francesco Marongiu, Roberto Mura, Clara González, Hadrien Legait, Zeinab Tannir, Zuhair Elhaj, Alicia Mathevon, Nadina Stroia, Anna Fatourou-Sipsi, Dominika Rams, Zuzanna Pawłowicz

DIRECCIÓ MAQUETES
MODELS RESPONSIBLE
DIRECCIÓN MAQUETAS
Mauro Soro

DIRECCIÓ VIDRES
GLASSES RESPONSIBLE
DIRECCIÓN VIDRIOS
Mauro Soro
Guillem Hernández

COMUNICACIÓ / COMMUNICATION
COMUNICACIÓN
Marina Povedano, Olga Anglada

FOTOGRAFIES / PHOTOGRAPHIES
FOTOGRAFIAS
Adrià Goula, Del Rio Bani, Jordi Bernadó, Duccio Malagamba

AUDIOVISUALS /AUDIOVISUALES
Adrià Goula, Marc Vilaseca, MIAS Architects

PATROCINADORS / SPONSORS
PATROCINADORES
Vidresif (Impressió vidre)
Hewlet Packard (Impressió vinil)
iGuzzini (Il·luminació)
Consolis Tecnyconta (Panells de GRC)
Fundació Lluís Coromina
Diputació de Girona
Ajuntament de Banyoles
Acciona
Ajuntament d'Esplugues
Consell Comarcal de l'Alt Penedès – FEDER
Leitner
Talleres inox
Alfasoni
Rubau Tarrés
Nagami
COAC

AGRAÏMENTS / ACKNOWLEDGMENTS
AGRADECIMIENTOS
OUA Group, Riudebitlles Territori d'Art, Parc d'Atraccions del Tibidabo, Comunitat Terapèutica del Maresme

CATÀLEG / CATALOG / CATÁLOGO

EDITAT PER / EDITED BY / EDITADO POR
Actar Publishers
Ajuntament de Barcelona
Disseny Hub Barcelona

DISSENY I PRODUCCIÓ EDITORIAL
GRAPHIC DESIGN AND EDITING
DISEÑO Y PRODUCCIÓN EDITORIAL
Actar Publishers
Disseny Hub Barcelona

TEXTOS / TEXTS
Izaskun Chinchilla, Peter Cook, Marcos Cruz, Josep Miàs, Josep Maria Montaner, Bob Sheil

COORDINACIÓ / COORDINATION
COORDINACIÓN
Marina Povedano

ISBN: 978-1-63840-007-3
PCN: Library of Congress Control Number: 2021948344
Printed in Europe, 2021